한 권으로 끝내는 섀도우 리딩

초등영어

Happy House

**한 권으로 끝내는
초등영어 섀도우 리딩**

지은이 유현정
펴낸이 정규도
펴낸곳 Happy House

초판 1쇄 발행 2023년 8월 5일

총괄책임 허윤영
책임편집 유나래
표지 디자인 하태호
내지 디자인·전산편집 페이지트리
일러스트 온온
이미지 shutterstock

🏠 **다락원** 경기도 파주시 문발로 211
내용문의: (02)736-2031 내선 523
구입문의: (02)736-2031 내선 250~251
Fax: (02)732-2037
출판등록 1977년 9월 16일 제406-2008-000007호

ISBN 978-89-277-0175-0 63740

www.ihappyhouse.co.kr
*Happy House는 다락원의 임프린트입니다.

영어동화 따라 읽기 **40일 프로그램**

한 권으로 끝내는 초등영어

섀도우 리딩

32 Fun Stories

유현정 지음

Happy House

우리 아이 영어 실력이 늘지 않는다?

새도우 리딩을 연습해야 할 때입니다!

독서가 중요하다는 것은 누구나 아는 사실입니다. 리딩은 영어 실력을 향상시킬 수 있는 아주 좋은 방법이에요. 단순히 단어를 아는 데서 나아가 문장을 해석하는 힘을 기르고, 실제로 사용되는 생생한 영어를 문맥과 상황을 통해 익힐 수 있거든요. 하지만 영어 리딩 실력을 높이기 위해서는 단순히 읽는 책의 권 수와 양만 중요한 게 아니에요. '어떤' 내용을 '어떻게' 읽는지가 중요하죠.

이 책에는 **미국과 캐나다의 북미 지역 초등학생들이 가장 많이 읽고 접하는 이야기**와 **우리나라 학생들에게 익숙한 전래동화** 중 부담 없이 읽을 수 있는 이야기가 실려 있습니다. 기승전결이 분명한 짧고 재미있는 이야기라, 아이들의 흥미를 유발해서 학습 집중도를 높일 거예요. 특히 아이들의 리딩 실력이 향상되려면 영어 문장 자체에 익숙해지는 것이 필요한데, 이를 위해 이 책에서는 '새도우 리딩' 학습법을 활용합니다.

★ 새도우 리딩은 무엇인가요?

'새도우 리딩(Shadow Reading)'은 **원어민의 소리를 그대로 흉내 내서 따라 읽는 학습법**입니다. 말 그대로 그림자(shadow)처럼 원어민의 억양, 강세 등 발음을 똑같이 따라 읽는 방법이죠. 이 책에서는 3단계 연습 과정을 통해 새도우 리딩 학습법을 구현했어요. 우선 맨 처음에는 원어민이 읽어 주는 MP3를 들으면서 지문을 눈으로 읽어요. 그 다음으로는 한 문장씩 따라 읽으면서 각각의 문장에 익숙해집니다. 마지막으로 MP3를 들으면서 원어민과 똑같은 억양과 발음으로 동시에 따라 읽어 봅니다. 이렇게 듣고 따라 말하면서 입에 소리를 붙이는 연습을 통해 아이들은 단어, 발음, 억양, 끊어 읽기 등 영어 리딩에 꼭 필요한 지식과 기술을 습득하게 됩니다.

★ 왜 섀도우 리딩 훈련을 해야 하나요?

섀도우 리딩은 리딩뿐 아니라 **리스닝과 스피킹까지 동시에 연습**할 수 있는 훌륭한 영어 공부법입니다. 원어민이 읽어 주는 MP3를 들으면서 리스닝 실력을 키우고, 똑같은 억양과 발음으로 따라 읽는 훈련을 하며 스피킹 실력까지 자연스럽게 함께 키울 수 있어요. 이렇게 언어의 여러 영역이 골고루 발달해야 조금 더 윗단계의 영어 레벨로 올라갈 수 있습니다. 이제 단순한 단어 암기, 내용 파악, 문장 구조 이해 중심의 학습법에만 머물지 말고, 그것들을 다 포함하면서도 다른 영역의 실력까지 높일 수 있는 종합적인 학습법을 활용할 때입니다.

★ 이 책만의 장점을 더 소개해 주세요.

이 책은 하루에 한 편씩, 40일 동안의 학습을 통해 영어 실력을 단계적으로 향상시킬 수 있게 구성했습니다. 처음에는 현재형 문장으로만 구성된 아주 쉬운 지문부터 시작해요. 뒤로 갈수록 점점 문장이 길어지고 문장 형태도 어려워집니다. 문법뿐 아니라 단어, 그리고 문제의 난이도가 점점 높아지므로 하나씩 차례대로 공부하다 보면 자연스럽게 독해력과 문해력이 높아질 거예요.

마지막으로 감사의 말을 전하고 싶은 사람들이 있습니다. 이 책을 쓰는 데 많은 도움을 주신 다락원 편집팀, 그리고 책에 들어갈 이야기를 선택하는 데 있어 많은 영감을 준 제 두 딸, 리아와 샤를 빼놓을 수 없을 것 같아요. 우리 딸들이 이 책을 보고 머리말에 들어간 본인들 이름을 읽으면서 행복해하면 좋겠네요. 이 책이 '한 번 공부하고 끝!'이 아니라, 두고두고 읽어도 재미있는 영어책으로 남기를 바랍니다.

캐나다 위니펙에서

유현정

책의 구성과 특징

스마트폰으로 QR코드를 찍으면 바로 원어민 음성을 들을 수 있어요.

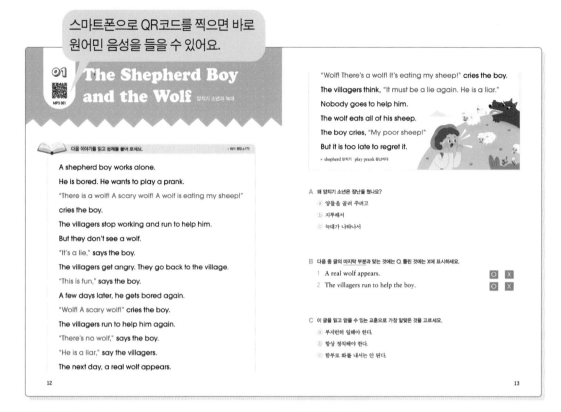

이야기 읽기

이솝우화, 전래동화, 그리스 로마 신화 등에서 뽑은 세계 각국의 재미있는 이야기를 읽어 보세요. 초등 레벨에서 어려운 단어는 지문 아래에 소개했습니다.

문제 풀기

글의 내용 파악하기, 알맞은 단어 고르기, 글의 전개 순서 맞추기, 주제 파악하기 등 다양한 문제를 풀면서 글의 내용을 잘 이해했는지 확인할 수 있어요.

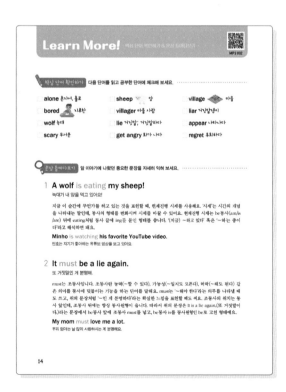

Learn More! 핵심 단어 확인하기&문장 들여다보기

이야기에 나온 단어와 문장을 자세히 익혀 보는 코너입니다. '핵심 단어 확인하기'에서는 내용 이해에 꼭 필요한 단어와 새로 나온 단어를 중심으로 정리했어요. '문장 들여다보기'에서는 중요한 문법 요소를 담은 문장을 두 개 뽑아 친절하고 쉬운 설명과 함께 예문을 제시했습니다.

Training 섀도우 리딩 3단계 연습

앞에서 읽은 이야기를 활용해 섀도우 리딩 훈련을 해 봅니다. '들으면서 눈으로 읽기', '한 문장씩 따라 읽기', '들으면서 동시에 읽기'의 3단계 연습을 통해 리딩, 리스닝, 스피킹 실력을 동시에 키울 수 있어요. 끊어 읽기, 이어 읽기, 억양을 표시해 정확하고 자연스럽게 영어를 읽을 수 있게 도와줍니다. 발음하기 까다로운 발음은 '발음 팁'에서 설명했습니다.

정답과 해설

지문의 우리말 해석과 함께 풀어 본 문제의 정답을 확인할 수 있습니다. 어려운 문제에는 이해를 돕기 위해 해설을 달았으니 학습할 때 참고하세요.

온라인 부가자료
다운로드

생생한 원어민 음성이 담긴 MP3 파일을 해피하우스 홈페이지(www.ihappyhouse.co.kr)에서 다운로드받을 수 있습니다. 각 지문에 나온 단어를 동사의 과거형까지 자세히 정리한 단어 리스트와 단어를 제대로 익혔는지 확인하는 단어 테스트도 다운로드받을 수 있으니 복습할 때 활용해 보세요.

The Shepherd Boy and the Wolf 양치기 소년과 늑대

 다음 이야기를 읽고 문제를 풀어 보세요.

▶해석·정답 p.173

A shepherd boy works alone.

He is bored. He wants to play a prank.

"There is a wolf! A scary wolf! A wolf is eating my sheep!"

cries the boy.

The villagers stop working and run to help him.

But they don't see a wolf.

"It's a lie," says the boy.

The villagers get angry. They go back to the village.

"This is fun," says the boy.

A few days later, he gets bored again.

"Wolf! A scary wolf!" cries the boy.

The villagers run to help him again.

"There's no wolf," says the boy.

"He is a liar," say the villagers.

The next day, a real wolf appears.

"Wolf! There's a wolf! It's eating my sheep!" cries the boy.

The villagers think, "It must be a lie again. He is a liar."

Nobody goes to help him.

The wolf eats all of his sheep.

The boy cries, "My poor sheep!"

But it is too late to regret it.

▶ shepherd 양치기 play prank 장난치다

A 왜 양치기 소년은 장난을 쳤나요?

ⓐ 양들을 골려 주려고

ⓑ 지루해서

ⓒ 늑대가 나타나서

B 다음 중 글의 마지막 부분과 맞는 것에는 O, 틀린 것에는 X에 표시하세요.

1 A real wolf appears.   O X

2 The villagers run to help the boy.   O X

C 이 글을 읽고 얻을 수 있는 교훈으로 가장 알맞은 것을 고르세요.

ⓐ 부지런히 일해야 한다.

ⓑ 항상 정직해야 한다.

ⓒ 함부로 화를 내서는 안 된다.

핵심 단어 확인하기 다음 단어를 읽고 공부한 단어에 체크해 보세요. ·······················

☐ alone 혼자서, 홀로

☐ bored  지루한

☐ wolf 늑대

☐ scary 무서운

☐ sheep 양

☐ villager 마을 사람

☐ lie 거짓말; 거짓말하다

☐ get angry 화가 나다

☐ village 마을

☐ liar 거짓말쟁이

☐ appear 나타나다

☐ regret 후회하다

문장 들여다보기 앞 이야기에 나왔던 중요한 문장을 자세히 익혀 보세요. ·······················

1 A wolf is eating my sheep!

늑대가 내 양을 먹고 있어요!

지금 이 순간에 무언가를 하고 있는 것을 표현할 때, 현재진행 시제를 사용해요. '시제'는 시간의 개념을 나타내는 말인데, 동사의 형태를 변화시켜 시제를 바꿀 수 있어요. 현재진행 시제는 be동사(am/is /are) 뒤에 eating처럼 동사 끝에 ing를 붙인 형태를 씁니다. '(지금) ~하고 있다' 혹은 '~하는 중이다'라고 해석하면 돼요.

Minho is watching his favorite YouTube video.

민호는 자기가 좋아하는 유튜브 영상을 보고 있어요.

2 It must be a lie again.

또 거짓말인 게 분명해.

must는 조동사입니다. 조동사란 능력(~할 수 있다), 가능성(~일지도 모른다), 허락(~해도 된다) 같은 의미를 동사에 덧붙이는 기능을 하는 단어를 말해요. must는 '~해야 한다'라는 의무를 나타낼 때도 쓰고, 위의 문장처럼 '~인 게 분명하다'라는 확실한 느낌을 표현할 때도 써요. 조동사의 위치는 동사 앞인데, 조동사 뒤에는 항상 동사원형이 옵니다. 따라서 위의 문장은 It is a lie again.(또 거짓말이다.)라는 문장에서 be동사 앞에 조동사 must를 넣고, be동사 is를 동사원형인 be로 고친 형태예요.

My mom must love me a lot.

우리 엄마는 날 많이 사랑하시는 게 분명해요.

TRAINING ★ 섀도우 리딩 3단계 연습

STEP 1 들으면서 눈으로 읽기 ▶ STEP 2 한 문장씩 따라 읽기 ▶ STEP 3 들으면서 동시에 읽기

/ 끊어 읽기 ⌣ 이어 읽기 ＼／ 억양

A shepherd boy works alone. He is bored. He wants to play a prank.

"There is a wolf! A scary wolf! A wolf is eating my sheep!"[1] cries the boy.

The villagers stop working/ and run/ to help him. But they don't see a wolf.

"It's a lie," says the boy.

The villagers get angry. They go back/ to the village.

"This is fun," says the boy.

A few days later,/ he gets bored again. "Wolf! A scary wolf!" cries the boy.

The villagers run/ to help him again.

"There's no wolf," says the boy.

"He is a liar," say the villagers.

The next day,/ a real wolf appears.

"Wolf! There's a wolf! It's eating my sheep!" cries the boy.

The villagers think, "It must be a lie again. He is a liar."

Nobody goes to help him. The wolf eats all of his sheep.

The boy cries, "My poor sheep!"

But/ it is too late to regret it.[2]

발음 팁

[1] eating [t] 소리는 모음과 모음 소리 사이에 오면 약하게 소리 납니다. 그래서 eating은 [이팅]이 아닌 [이딩] 또는 [이링]처럼 발음해요.

[2] late to 같은 자음 소리가 연이어서 올 때는 겹치는 소리를 한 번만 발음해요. late의 끝소리와 to의 시작 소리는 똑같이 [t] 소리이므로, 반복하지 않고 부드럽게 이어서 읽어요. 그래서 [레이트 투]가 아니라 [레잇투]처럼 연결해서 발음합니다.

MP3 004

The Country Mouse and the City Mouse 시골 쥐와 도시 쥐

다음 이야기를 읽고 문제를 풀어 보세요.

▶ 해석·정답 p.173

City Mouse lives in a palace in a city.

Country Mouse lives in a cottage in the country.

They are good friends.

One day, City Mouse visits Country Mouse.

Country Mouse treats him with potatoes.

"Well, I don't like potatoes," says City Mouse.

He talks about all the delicious food at the palace.

"Come to visit me the next time," says City Mouse.

Country Mouse decides to go to see his friend.

He gets to the city.

He is amazed by the palace.

There is lots of food on the dining table.

City Mouse says, "Come on. Let's have a meal."

When Country Mouse is about to eat some cake, he sees

a cat. The cat chases them.

They run away to City Mouse's bedroom.

Country Mouse says, "You can't even have a meal

peacefully. I am happy with my country life.

I am going back to my cottage."

He heads back home right away.

▶ dining table 식탁
　be about to 막 ~하려는 참이다

A 마지막에 시골 쥐가 자기 집으로 돌아간 이유는 무엇인가요?

ⓐ 도시에서 먹은 음식이 맛이 없어서

ⓑ 시골 생활이 만족스럽다는 것을 깨달아서

ⓒ 맛있는 것을 먹고 사는 도시 쥐에게 질투가 나서

B 글의 내용에 맞게 괄호 안에서 알맞은 단어를 고르세요.

1　City Mouse lives in a (palace / cottage).

2　Country Mouse is (happy / amazed) by the palace.

C 다음 문장을 이야기의 진행에 맞게 순서대로 나열하세요.

ⓐ A cat chases City Mouse and Country Mouse.

ⓑ Country Mouse heads back home.

ⓒ City Mouse visits Country Mouse.

ⓓ Country Mouse goes to see City Mouse.

_____ ⇨ _____ ⇨ _____ ⇨ _____

핵심 단어 확인하기 다음 단어를 읽고 공부한 단어에 체크해 보세요. ·······················

☐ palace 궁전, 성

☐ potato 감자

☐ chase 뒤쫓다

☐ country 시골

☐ delicious 맛있는

☐ run away 도망치다

☐ cottage 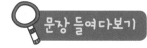 오두막집

☐ amazed 놀란, 경탄한

☐ peacefully 평화롭게

☐ treat 대접하다

☐ meal 식사, 끼니

☐ head (장소로) 향하다

문장 들여다보기 앞 이야기에 나왔던 중요한 문장을 자세히 익혀 보세요. ·······················

1 Let's have a meal.

우리 밥을 먹자. / 우리 식사하자.

'Let's + 동사원형'은 '우리 ~하자'라는 뜻으로, 다른 사람에게 뭔가를 하자고 제안할 때 쓰는 표현이에요. 동사 have는 '~을 가지고 있다'라는 뜻도 있지만, 뒤에 음식과 관련된 단어가 오면 eat처럼 '먹다'라는 뜻이 됩니다. 그래서 have a meal은 '밥을 먹다', '식사하다'라는 뜻이 되죠.

I usually have lunch with my classmates.

나는 주로 반 친구들과 점심을 먹어요.

2 I am happy with my country life.

나는 내 시골 생활에 만족해.

happy는 '행복한'이라는 뜻 외에도 '만족하는, 마음에 드는'이라는 뜻을 가지고 있어요. 뒤에 with로 연결하면 어떤 것에 만족하는지 나타낼 수 있죠. 그래서 be happy with는 '~에 만족하다'라는 뜻이에요.

Minha is happy with her new bag.

민하는 새 가방이 마음에 들어요.

STEP 1 들으면서 눈으로 읽기 ▶ STEP 2 한 문장씩 따라 읽기 ▶ STEP 3 들으면서 동시에 읽기

/ 끊어 읽기 ⌣ 이어 읽기 ＼ ╱ 억양

City Mouse lives in a palace/ in a city. Country Mouse lives in a cottage/ in the country. They are good friends.

One day,/ City Mouse visits Country Mouse. Country Mouse treats him with potatoes.

"Well,/ I don't like potatoes," says City Mouse.

He talks about/ all the delicious food/ at the palace.

"Come to visit me the next time," says City Mouse.

Country Mouse decides to go to see his friend. He gets to the city.

He is amazed/ by the palace. There is lots of food/ on the dining table.

City Mouse says, "Come on. Let's have a meal."

When Country Mouse is about to eat some cake,/ he sees a cat. The cat chases them. They run away to City Mouse's bedroom.

Country Mouse says, "You can't even have a meal peacefully.[1] I am happy with my country life. I am going back/ to my cottage."

He heads back home/ right away.[2]

발음 팁

[1] **can't** [캔트]라고 끝소리 [t]를 강하게 발음하면 안 돼요. [캐앤트] 같은 느낌으로 [ㅐ]를 길게 소리 낸 다음, 끝의 [t]는 아주 약화시켜서 소리가 들릴락 말락 하는 정도로만 발음해 주세요.

[2] **right away** 자음으로 끝나는 단어와 모음으로 시작하는 단어가 만나면 소리를 연결해 발음하는 연음 현상이 일어나요. 이 경우에는 right의 끝소리 [t]가 약해져서 마치 [ㄹ]처럼 소리 납니다. 두 단어를 부드럽게 이어서 [라이러웨이]처럼 발음해 보세요.

MP3 007

King Solomon's Judgment 솔로몬 왕의 판결

다음 이야기를 읽고 문제를 풀어 보세요.

▶해석·정답 p.174

Two women fight over a baby on the street.

"This is my baby," says one woman.

"No, this is my baby," says the other.

The baby cries and cries.

"Who is the real mom?"

People don't know.

They decide to go to King Solomon's court.

"Please help me. This is my baby."

"No, this is my baby," say both the women.

King Solomon listens to them. He thinks carefully.

Finally, he says, "Both women insist that they are the real mom. Cut the baby in half and give it to them."

Everyone is surprised.

One of the women covers the baby and says,

"Please don't do that. Don't hurt the baby. Cut me instead."

She cries and cries.

King Solomon says, "She is the real mom. A mom is willing to die for her baby. Give the baby to her."

"What a wise judgment it is!"

People praise King Solomon's wisdom.

▶ the other (둘 중) 다른 쪽   both 둘 다(의), 양쪽(의)

A 이 글은 무엇에 관한 이야기인가요?

ⓐ King Solomon's baby

ⓑ King Solomon's fight

ⓒ King Solomon's wisdom

B 다음 중 글의 내용과 맞는 것에는 O, 틀린 것에는 X에 표시하세요.

1 Both women are not the baby's mom. ☐O ☐X

2 Two women don't know who the real mom is. ☐O ☐X

C 솔로몬 왕은 아기의 진짜 엄마를 어떻게 찾았나요?

ⓐ 자기 아기라고 주장하는 모습을 보고

ⓑ 아기 대신 죽겠다고 말하는 모습을 보고

ⓒ 왕의 명령에 따르는 모습을 보고

Learn More! 핵심 단어 확인하기 & 문장 들여다보기

MP3 008

핵심 단어 확인하기 다음 단어를 읽고 공부한 단어에 체크해 보세요. ⋯⋯⋯⋯⋯⋯⋯⋯⋯⋯⋯

☐ **fight** 싸우다; 싸움

☐ **decide** 결정하다, 결심하다

☐ **court** 법정, 법원

☐ **listen to** (귀를 기울여) 듣다

☐ **insist** 주장하다, 우기다

☐ **half** 반, 절반

☐ **cover** 덮다, 가리다

☐ **hurt** 다치게 하다

☐ **willing** 의향이 있는

☐ **judgment** 판결, 심판

☐ **praise** 칭찬하다

☐ **wisdom** 지혜, 현명함

문장 들여다보기 앞 이야기에 나왔던 중요한 문장을 자세히 익혀 보세요. ⋯⋯⋯⋯⋯⋯⋯⋯

1 A mom is willing to die for her baby.

엄마는 자기 아기를 위해 죽을 의향이 있다.

will은 의지, 의향을 나타내는 조동사로 '~할 것이다'라는 뜻을 가지고 있어요. 그런데 여기에 -ing를 붙인 willing은 '의향이 있는'이라는 뜻의 형용사가 돼요. 'be willing to + 동사원형'은 '~할 의향이 있다'라는 의미인데, 미래에 어떤 일을 할 거라는 의지를 나타낼 때 사용하는 표현이에요.

I'm willing to go to your birthday party.

난 네 생일파티에 갈 의향이 있어.

2 What a wise judgment it is!

참으로 현명한 판결이구나!

감탄을 표현하는 문장을 '감탄문'이라고 해요. 영어에서는 문장 맨 앞에 what을 넣어서 감탄문을 만들 수 있어요. '참 ~한 (명사)구나!' 하고 감탄할 때 'What a[an] + 형용사 + 명사 + 주어 + 동사!'의 형태를 쓰죠. 이때 뒤에 나오는 '주어 + 동사'는 생략도 가능해요. 따라서 위의 문장은 it is를 생략하고 What a wise judgment!라고만 해도 괜찮아요. 참고로 명사가 복수이거나 셀 수 없는 명사일 때는 앞에 a나 an을 붙이지 않아요. 명사 앞의 a나 an은 단수라는 것을 알려 주는 말이니까요.

What a beautiful day it is!

참 아름다운 날이네!

What cheerful students they are!

그들은 참 쾌활한 학생들이구나!

TRAINING ★ 섀도우 리딩 3단계 연습

MP3 009

/ 끊어 읽기 ‿ 이어 읽기 ＼ / 억양

Two women fight‿over‿a baby on the street.**❶**

"This‿is my baby," says one woman. "No,/ this‿is my baby," says the other.

The baby cries/ and cries.

"Who is the real mom?＼" People don't know. They decide‿to go to King

Solomon's court.**❷**

"Please/ help me. This‿is my baby."

"No,/ this‿is my baby," say both the women.

King Solomon listens to them. He thinks carefully. Finally,/ he says, "Both

women insist/ that they are the real mom. Cut the baby in half/ and give‿it

to them."

Everyone is surprised. One‿of the women/ covers the baby and says, "Please

don't do that. Don't hurt the baby. Cut me instead." She cries/ and cries.

King Solomon says, "She is the real mom. A mom‿is willing to die for her

baby. Give the baby to her."

"What‿a wise judgment‿it is!" People praise King Solomon's wisdom.

발음 팁

❶ fight over a [파잇 오버 어]라고 한 단어씩 읽지 마세요. fight의 t와 over의 o를 연결하고, over의 r과 뒤따르는 a를 연결해서 한꺼번에 [파잇토버러]로 발음해 보세요. fight의 [t] 소리는 약해지므로 [파잇오버러]라고 발음해도 좋아요.

❷ decide to decide의 마지막 소리 [d]와 to의 첫 소리 [t]는 똑같이 윗니 뒤쪽 볼록한 부분에 혀끝을 댔다가 떼면서 내는 소리예요. 이처럼 발음 방법이 비슷한 소리는 두 소리를 모두 내지 않고 앞 자음 소리를 약화시켜요. 따라서 [디싸이드 투]가 아니라 [디싸이투]처럼 발음합니다.

MP3 010

다음 이야기를 읽고 문제를 풀어 보세요.　　　　　　▶ 해석·정답 p.174

Mama Lamb has seven baby lambs.

She says, "Don't open the door for anyone," and leaves for the market.

Wolf sees Mama Lamb leave.

He thinks, "Great! I will eat the baby lambs."

Knock, knock. Wolf is in front of the door.

"I am back. Open the door," says Wolf.

"You are not our mama! Mama's voice is beautiful," say the baby lambs.

Wolf gets chalk powder and eats it.

"I am back. Open the door," says Wolf in front of the lambs' house.

"No, you're not our mama. Mama's feet don't have hair," say the baby lambs.

Wolf gets white flour and puts it on his feet.

"Open the door. I am back."

"Look. They are Mama's feet," say the baby lambs.

They open the door, and Wolf comes in.

"It is Wolf!" they cry.

The youngest baby lamb

hides in the clock.

Wolf eats the baby lambs

except for the youngest one.

▶ mama 엄마 (아이가 쓰는 표현)
　 except for ~을 제외하고

A 엄마 양이 집을 나서기 전에 아기 양들에게 한 말을 우리말로 쓰세요.

- -

B 다음 중 늑대가 한 일이 <u>아닌</u> 것을 고르세요.

ⓐ 분필 가루 먹기

ⓑ 시장에 가기

ⓒ 발에 밀가루 바르기

C 다음 중 글의 내용과 맞는 것에는 O, 틀린 것에는 X에 표시하세요.

1 Wolf has hair on his feet.　　　　　　　　　　　

2 The youngest baby lamb hides in the closet.

 다음 단어를 읽고 공부한 단어에 체크해 보세요.

- ☐ lamb 새끼 양
- ☐ leave for ~을 향해 떠나다
- ☐ market 시장
- ☐ knock 똑똑 (노크 소리)

- ☐ voice 목소리
- ☐ chalk 분필
- ☐ powder 가루
- ☐ feet 발

- ☐ hair (몸의) 털; 머리털
- ☐ flour 밀가루
- ☐ youngest 가장 어린
- ☐ hide 숨다

문장 들여다보기 앞 이야기에 나왔던 중요한 문장을 자세히 익혀 보세요.

1 Don't open the door for anyone.

아무에게도 문을 열어 주지 마.

동사원형으로 시작하는 문장을 '명령문'이라고 해요. 충고하거나 명령할 때 쓰는 말로, '~해라, ~하세요'라고 해석하면 됩니다. open은 '문을 열다'라는 뜻의 동사니까 Open the door.는 '문을 열어라'라는 의미가 되죠. 이때 동사 앞에 Don't를 붙이면 '~하지 마, ~하지 마세요'라는 뜻의 부정 명령문이 돼요. 참고로 anyone은 부정문에서는 '어느 누구라도, 아무도'라는 뜻으로 해석합니다.

Don't stand up.

일어나지 마.

2 I am back.

내가 (돌아)왔다.

back은 '(원래 장소로) 돌아와서'라는 뜻의 단어예요. 어디에 나갔다가 집에 돌아왔을 때 I am back.이라는 표현을 씁니다. 동사 come도 '오다'라는 뜻의 단어지만, 내가 집에 돌아왔을 때는 I come.이란 말은 쓰지 않으니 주의하세요. 참고로 I am home.이라는 표현도 '나 집에 왔어'라는 뜻으로 많이 사용합니다.

My dad is back from work.

우리 아빠가 회사에서 (돌아)오셨어.

STEP 1 들으면서 눈으로 읽기 ▶ STEP 2 한 문장씩 따라 읽기 ▶ STEP 3 들으면서 동시에 읽기

/ 끊어 읽기 ⌣ 이어 읽기 ↘↗ 억양

Mama Lamb has seven baby lambs. She says, "Don't open the door for anyone," and leaves for the market. Wolf sees Mama Lamb leave.

He thinks, "Great! I will eat the baby lambs."

Knock,/ knock.**1** Wolf is in front of the door.

"I am back. Open the door," says Wolf.

"You are not our mama! Mama's voice is beautiful," say the baby lambs.

Wolf gets chalk powder/ and eats it.**2**

"I am back. Open the door," says Wolf in front of the lambs' house.

"No,/ you're not our mama. Mama's feet don't have hair," say the baby lambs.

Wolf gets white flour/ and puts it on his feet.

"Open the door. I am back."

"Look. They are Mama's feet," say the baby lambs.

They open the door,/ and Wolf comes in.

"It is Wolf!" they cry.

The youngest baby lamb/ hides in the clock. Wolf eats the baby lambs/ except for the youngest one.

발음 팁

1 Knock, knock.   knock의 첫 글자인 k는 소리가 나지 않는 묵음이에요. 우리말로는 '노크'라고 하지만 o는 미국식 발음으로는 [ㅏ]에 가까우므로 [나ㅋ]에 가깝게 발음해 주세요.

2 chalk   중간에 있는 l은 소리가 나지 않는 묵음이라 발음하지 않아요. 또한 여기서 a는 미국식 발음으로는 [ㅓ]에 가까운 소리가 나므로 [초크]가 아니라 [처ㅋ]처럼 발음하세요.

The Wolf and the Seven Lambs ② 늑대와 일곱 마리 아기 양 ②

다음 이야기를 읽고 문제를 풀어 보세요. ▶ 해석·정답 p.175

Mama Lamb comes back home. No one is there.

She cries, "My babies! They are gone!"

The youngest lamb comes out of the clock.

"Mama, I am here."

He tells her everything.

"Let's go find your brothers and sisters," says Mama Lamb.

They find Wolf under a tree. He is taking a nap.

His stomach is very big.

"Mama, we are here!" the baby lambs cry.

Mama Lamb cuts Wolf's stomach.

The baby lambs are safe.

After everyone gets out, Mama Lamb fills Wolf's stomach

with rocks. She sews it back.

"Now, we should hide," says Mama Lamb.

Mama Lamb and the baby lambs hide behind the tree.

After a while, Wolf wakes up.

"I am thirsty," says Wolf.

He goes to a well to drink water.

When he bends over, Mama Lamb pushes him down.

Wolf is so heavy that he can't get

out of the well.

Mama Lamb and the baby lambs

go back home.

▶ after a while 잠시 후에

A 엄마 양과 가장 어린 아기 양이 늑대를 발견했을 때, 늑대는 무엇을 하고 있나요?

ⓐ 낮잠 자기

ⓑ 물 마시기

ⓒ 나무 뒤에 숨기

B 빈칸을 알맞은 단어로 채워, 엄마 양이 아기 양들을 구해내는 장면을 묘사해 보세요.

Mama Lamb _____ Wolf's _____ and gets the baby lambs out.

C 글의 내용에 맞게 괄호 안에서 알맞은 단어를 고르세요.

1 Mama Lamb fills the wolf's stomach with (water / rocks).

2 Mama Lamb pushes Wolf down the (tree / well).

핵심 단어 확인하기 다음 단어를 읽고 공부한 단어에 체크해 보세요. ·······························

- ☐ **gone** 사라진, 가 버린
- ☐ **find** 찾다, 발견하다
- ☐ **take a nap** 낮잠 자다
- ☐ **stomach** 배; 위장
- ☐ **fill A with B** A를 B로 채우다
- ☐ **sew** 꿰매다, 바느질하다
- ☐ **wake up** (잠에서) 깨다
- ☐ **well** 우물
- ☐ **bend over** 몸을 굽히다
- ☐ **push** 밀다
- ☐ **heavy** 무거운
- ☐ **get out of** ~에서 나오다

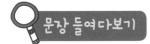 **문장 들여다보기** 앞 이야기에 나왔던 중요한 문장을 자세히 익혀 보세요. ······················

1 Let's go find your brothers and sisters.

네 형과 누나들을 찾으러 가자.

원래 동사 두 개가 연달아 올 때는 and로 연결해요. 하지만 미국 사람들은 실생활에서는 go find(찾으러 가다), go see(보러 가다), go meet(만나러 가다)처럼 go(가다) 뒤의 and를 생략하고 동사를 바로 연결해서 말하는 경우가 많아요. 물론 '찾으러 가다'라고 할 때 go and find 혹은 go to find라고 써도 됩니다.

I go see a baseball game every weekend.

나는 주말마다 야구 시합을 보러 가요.

2 Wolf is so heavy that he can't get out of the well.

늑대는 너무 무거워서 우물 밖으로 나올 수가 없어요.

so는 형용사 앞에 오면 '너무, 아주'라는 강조의 의미로 사용돼요. 'so + 형용사 + that + 주어 + can't + 동사원형'은 '너무 ~해서 (그 결과) …할 수 없다'라는 뜻입니다. 원인과 결과를 나타낼 때 쓰는 표현이죠. can의 부정형인 can't는 cannot의 줄임말인데 '~할 수 없다'라는 뜻입니다.

The sun is so hot that we can't play outside this afternoon.

태양이 너무 뜨거워서 오늘 오후에 우린 나가 놀 수가 없어요.

STEP 1 들으면서 눈으로 읽기 ▶ STEP 2 한 문장씩 따라 읽기 ▶ STEP 3 들으면서 동시에 읽기

/ 끊어 읽기 ⌣ 이어 읽기 ＼ ／ 억양

Mama Lamb comes back home. No one is there.

She cries, "My babies! They are gone!"

The youngest lamb comes out of the clock. "Mama,/ I am here."

He tells her everything.

"Let's go find your brothers and sisters," says Mama Lamb.

They find Wolf/ under a tree. He is taking a nap. His stomach is very big.

"Mama,/ we are here!" the baby lambs cry.

Mama Lamb cuts Wolf's stomach. The baby lambs are safe. After everyone gets out,/ Mama Lamb fills Wolf's stomach/ with rocks. She sews it back.

"Now,/ we should hide," says Mama Lamb.

Mama Lamb/ and the baby lambs/ hide behind the tree.[1]

After a while,/ Wolf wakes up. "I am thirsty," says Wolf.

He goes to a well to drink water. When he bends over,/ Mama Lamb pushes him down. Wolf is so heavy/ that he can't get out of the well.[2]

Mama Lamb/ and the baby lambs/ go back home.

발음 팁

[1] behind the behind처럼 -nd로 끝나는 단어 뒤에 자음이 이어지면 [d]는 거의 소리를 내지 않아요. [비하인드 더]가 아니라 부드럽게 연결해서 [비하인더]처럼 발음하세요.

[2] get out of 끝의 자음과 앞의 모음이 만나면 연음 현상이 일어나므로 소리를 이어서 발음합니다. 이때 [t] 소리는 모두 약화되므로 [겟 아웃 어브]가 아닌 [게다우더브]처럼 발음해요.

사랑에 빠진 사자

MP3 016

다음 이야기를 읽고 문제를 풀어 보세요.

▶ 해석·정답 p.175

Lion fell in love with Farmer's daughter.

She was a wise and beautiful girl.

Lion decided to ask her father first.

"May I marry your daughter?" asked Lion.

Lion had sharp claws and teeth.

Farmer was too scared to say no.

He came up with an idea.

"Girls do not like sharp claws. Can you remove them?" asked Farmer.

"My daughter will like that," he added.

"Sure, I will," said Lion.

"My daughter doesn't like sharp teeth either. Can you remove them, too?" asked Farmer.

"Of course I can," answered Lion.

He got rid of his claws and teeth.

Lion came back to Farmer and asked, "May I marry your daughter now?"

Farmer laughed at Lion.

"No. You don't have teeth and claws.

You are weak now.

I am not afraid of you anymore."

He kicked out Lion.

▶ come up with (계획, 아이디어 등을) 생각해내다

A 농부의 딸은 어떤 사람이었나요?

ⓐ 무섭고 현명한 사람

ⓑ 날카롭고 아름다운 사람

ⓒ 현명하고 아름다운 사람

B 다음 중 사자가 한 일이 <u>아닌</u> 것을 고르세요.

ⓐ 날카로운 발톱을 없앴다.

ⓑ 무서운 목소리를 없앴다.

ⓒ 날카로운 이빨을 없앴다.

C 다음 중 글의 내용과 맞는 것에는 O, 틀린 것에는 X에 표시하세요.

1 Lion wanted to marry Farmer's daughter.

2 Farmer's daughter fell in love with Lion.

33

Learn More! 핵심 단어 확인하기 & 문장 들여다보기

MP3 017

 **핵심 단어 확인하기** 다음 단어를 읽고 공부한 단어에 체크해 보세요. ·············

- [ ] **fall in love** 사랑에 빠지다, 반하다
- [ ] **teeth** 이빨
- [ ] **laugh at** ~을 비웃다
- [ ] **marry** 결혼하다
- [ ] **remove** 제거하다, 없애다
- [ ] **weak** 약한
- [ ] **sharp** 날카로운, 뾰족한
- [ ] **add** 더하다, 덧붙이다
- [ ] **afraid** 두려운
- [ ] **claw** (맹수의) 발톱
- [ ] **get rid of** ~을 제거하다
- [ ] **kick out** ~을 쫓아내다

문장 들여다보기 앞 이야기에 나왔던 중요한 문장을 자세히 익혀 보세요. ·············

1 May I marry your daughter?

제가 당신의 딸과 결혼해도 될까요?

'May I + 동사원형?'은 '제가 ~해도 될까요?'라는 뜻으로, 상대방의 허락을 구할 때 사용하는 표현입니다. may는 '~해도 된다'라는 뜻으로 허락을 나타내는 조동사인데, may로 물어보면 매우 격식을 갖춘 공손한 표현이 되죠. 좀 더 격식 없이 허락을 구할 때는 'Can I + 동사원형?'으로 물어볼 수도 있어요.

May I take a look at your notebook?
제가 당신의 공책을 좀 봐도 될까요?

2 Can you remove them?

그것들을 없앨 수 있겠나?

'Can you + 동사원형?'은 '~할 수 있어요?' 하고 능력이나 가능성을 묻거나 '~해 줄 수 있어요?' 하고 무언가를 부탁할 때 사용하는 표현입니다. 부탁을 받았을 때 할 수 있다면 '물론이에요'라는 뜻을 가진 Sure. / Of course. / Certainly. 같은 표현으로 대답하면 됩니다. 할 수 없다면 '죄송하지만 못 해요'라는 뜻의 I am sorry but I can't.로 대답하죠.

Can you help me with my homework?
제 숙제를 도와주실 수 있어요?

34

| STEP 1 들으면서 눈으로 읽기 ▶ STEP 2 한 문장씩 따라 읽기 ▶ STEP 3 들으면서 동시에 읽기 |

/ 끊어 읽기 ⌣ 이어 읽기 ↘ ↗ 억양

Lion fell in love with Farmer's daughter. She was a wise/ and beautiful girl.

Lion decided to ask her father first.

"May I marry your daughter? ↗ " asked Lion.

Lion had sharp claws and teeth. Farmer was too scared to say no.

He came up with an idea.❶

"Girls do not like sharp claws. Can you remove them? ↗ " asked Farmer.

"My daughter will like that," he added.

"Sure,/ I will," said Lion.

"My daughter doesn't like sharp teeth either. Can you remove them,/ too? ↗ "
asked Farmer.

"Of course I can," answered Lion. He got rid of his claws and teeth.

Lion came back to Farmer/ and asked, "May I marry your daughter now? ↗ "

Farmer laughed at Lion.❷

"No. You don't have teeth and claws. You are weak now. I am not afraid of
you anymore." He kicked out Lion.

발음 팁

❶ **with an**   with를 발음할 때 th는 혀를 이 사이에 넣지만 숨을 내쉬지는 않고 성대를 울려 [위드]처럼 소리 냅니다. with an은 연음되므로 [위드 언]보다는 부드럽게 연결해 [위던]처럼 발음해요.

❷ **laughed at**   laugh에서 -gh는 [f] 소리를 냅니다. laugh[래프] 뒤에 -ed가 붙으면 [f]의 숨소리 때문에 -ed는 [t]로 소리 나므로, laughed는 [래프트]라고 읽어요. laughed는 at과 연음되어서 [래프탯]처럼 발음합니다.

The Enormous Turnip 거대한 순무

MP3 019

다음 이야기를 읽고 문제를 풀어 보세요.   ▶ 해석·정답 p.176

A girl lived with her grandfather and her grandmother.

They also lived with a dog and a cat.

One day, her grandfather found a huge turnip in the field.

"Wow, it is very big!" he exclaimed.

He pulled and pulled but couldn't take it out.

"Hmm, I need help," said the grandfather.

He called the grandmother.

They pulled the turnip together but couldn't take it out.

They said, "We need help."

They called the girl for help. She ran to help.

① They pulled and pulled but still couldn't take it out.

They said, "We need help."

Then, the dog joined.

② They pulled the turnip, but it still wouldn't come out.

"I will help you, too," said the cat.

36

③Everyone worked together to pull out the turnip.

Pop! Finally, the enormous turnip was out.

"We made it!" everyone exclaimed with joy.

"I will make some delicious soup with it,"

said the grandmother.

Everyone enjoyed the soup

for dinner.

▶ found 발견했다   pop 뿅 하고 빠지는 소리

A 글의 밑줄 친 ①~③이 가리키는 것을 찾아 차례대로 쓰세요.

① grandfather + _____ + _____

② grandfather + _____ + _____ + _____

③ grandfather + _____ + _____ + _____ + _____

B 이 글을 읽고 얻을 수 있는 교훈으로 가장 알맞은 것을 고르세요.

ⓐ 반려동물을 소중히 여겨야 한다.

ⓑ 거대한 순무는 여러 명이서도 뽑기 힘들다.

ⓒ 모두가 힘을 합치면 뭐든지 할 수 있다.

C 다음 중 글의 내용과 맞는 것에는 O, 틀린 것에는 X에 표시하세요.

1 Finally, the enormous turnip was out.

2 The girl made some soup with the turnip.

Learn More! 핵심 단어 확인하기 & 문장 들여다보기

MP3 020

핵심 단어 확인하기 다음 단어를 읽고 공부한 단어에 체크해 보세요. ···

- ☐ **huge** 거대한
- ☐ **turnip** 순무
- ☐ **field** 밭, 들판
- ☐ **exclaim** 소리치다, 외치다

- ☐ **pull** 당기다
- ☐ **take out** ~을 꺼내다, 빼다
- ☐ **call** (사람을) 부르다
- ☐ **join** 참여하다, 동참하다

- ☐ **come out** 나오다
- ☐ **enormous** 거대한
- ☐ **make it** 해내다, 성공하다
- ☐ **enjoy** 즐기다

문장 들여다보기 앞 이야기에 나왔던 중요한 문장을 자세히 익혀 보세요. ···

1 They pulled the turnip, but it still wouldn't come out.

그들은 순무를 당겼지만, 순무는 여전히 나오려고 하지 않았어요.

wouldn't는 would not의 줄임말입니다. would는 will의 과거형인데요, will은 의향이나 의지를 나타내는 조동사여서 부정문으로 쓰면 어떤 물건이 '~하지 않으려 한다'라는 뜻이 됩니다. 그래서 'would not + 동사원형' 형태로 쓰면 어떤 물건이 도무지 '~하지 않으려고 했다'라는 뜻이 되죠. 기계가 작동되지 않는다고 할 때도 자주 쓰는 표현이에요.

The game machine wouldn't start.

게임기가 도무지 켜지지 않았어요.

2 We made it!

우리가 해냈어!

make it을 '그것을 만들다'라는 뜻으로만 생각하기 쉬운데, 실생활에서는 '해내다, 성공하다'라는 뜻으로 많이 씁니다. 특히 고생해서 무언가를 이루어 낸다는 의미로 쓰는 표현이에요. 과거형으로 made it이라고 하면 '해냈다, 성공했다'라는 뜻이 되지요.

My team worked hard on our science fair project, and we made it.

우리 조는 과학박람회 프로젝트를 열심히 했고 해냈어요.

38

/ 끊어 읽기 ‿ 이어 읽기 ＼／ 억양

A girl lived with her grandfather/ and her grandmother. They also lived with a dog/ and‿a cat.

One day,/ her grandfather found a huge turnip/ in the field.

"Wow,/ it is very big!" he exclaimed.

He pulled/ and pulled/ but couldn't‿take‿it out.**❶**

"Hmm,/ I need help," said the grandfather. He called the grandmother.

They pulled the turnip together/ but couldn't‿take‿it out.

They said,/ "We need help." They called the girl for help. She ran to help.

They pulled/ and pulled/ but still couldn't‿take‿it out.

They said,/ "We need help." Then,/ the dog joined. They pulled the turnip,/ but it still wouldn't come‿out.

"I will help you, too," said the cat. Everyone worked‿together/ to pull‿out the turnip.**❷** Pop! Finally,/ the enormous turnip was out.

"We made‿it!" everyone exclaimed with joy.

"I will make some delicious soup with‿it," said the grandmother.

Everyone enjoyed the soup for dinner.

발음 팁

❶ couldn't take it couldn't의 끝소리와 take의 시작 소리가 [t] 소리로 같으므로 [쿠든트 테익]이 아니라 [쿠든테익]처럼 [t] 소리가 한 번만 발음됩니다. take it도 연음되므로 [테이킷]처럼 발음돼요.

❷ worked together work 뒤에 붙은 -ed는 [k]처럼 숨을 뱉는 소리 뒤에서는 [t]로 소리 납니다. together의 첫소리 [t]와 소리가 같으므로 [월크트 투게더]가 아니라 [월크투게더]처럼 worked의 [t]는 발음하지 않아요.

MP3 022

Goldilocks and the Three Bears ① 골디락스와 세 마리 곰 ①

다음 이야기를 읽고 문제를 풀어 보세요.

▶ 해석·정답 p.176

There was Papa Bear, Mama Bear, and Baby Bear.

The Bear family lived in a house in a forest.

One day, Mama Bear made porridge for breakfast.

"This is too hot," said Baby Bear.

Mama Bear suggested, "Let's go for a walk. The porridge will cool down."

They left their house, but they didn't lock the door.

A girl was walking in the forest.

Her name was Goldilocks.

She saw the Bears' house.

"This is a very nice house," she said.

She knocked on the door, but nobody answered.

She opened the door and went into the house.

She saw three bowls of porridge on the table.

"I am hungry," she said.

Goldilocks tasted the porridge in the biggest bowl.

"This is too hot," she said.

She moved on to the next one.

"This is too cold," she said.

She tasted the porridge in the smallest bowl.

"This is just right!"

She finished it.

▶ papa 아빠   move on to ~으로 넘어가다

A 왜 곰 가족은 산책을 갔나요?

ⓐ 골디락스를 마중 나가려고

ⓑ 죽이 너무 뜨거워서

ⓒ 날씨가 아주 좋아서

B 글의 내용에 맞게 괄호 안에서 알맞은 단어를 고르세요.

1 When Goldilocks knocked, (somebody / nobody) answered.

2 The porridge in the (smallest / biggest) bowl was just right.

C 다음 중 글의 내용과 맞는 것을 고르세요.

ⓐ 골디락스는 아기 곰을 만나러 왔다.

ⓑ 곰 가족은 산책 가기 전에 문을 잠갔다.

ⓒ 식탁에는 죽이 세 그릇 놓여 있었다.

 다음 단어를 읽고 공부한 단어에 체크해 보세요. ·······················

□ bear 🐻 곰　　　　□ cool down 식다, 서늘해지다　　　　□ taste 🍉 맛보다

□ porridge 죽　　　　□ lock 잠그다　　　　□ biggest 가장 큰

□ suggest 제안하다　　　　□ knock 노크하다　　　　□ smallest 가장 작은

□ go for a walk 산책 가다　　　　□ bowl 🥣 (오목한) 그릇　　　　□ finish (음식을) 다 먹다; 끝내다

🔍 문장 들여다보기 앞 이야기에 나왔던 중요한 문장을 자세히 익혀 보세요. ····················

1 There was Papa Bear, Mama Bear, and Baby Bear.

아빠 곰, 엄마 곰, 그리고 아기 곰이 있었습니다.

'There is/are + 명사'는 '~가 있다'라는 뜻이고, 과거형인 'There was/were + 명사'는 '~가 있었다'라는 뜻이에요. There is/was 뒤에는 단수 명사, There are/were 뒤에는 복수 명사가 옵니다. 그런데 요즘에는 and로 여러 개의 단수 명사가 연결되어 있으면 복수라도 There is/was로 시작하므로 주의하세요.

There was a bench and a tree in the park.

공원에 벤치와 나무가 있었어요.

2 This is too hot.

이건 너무 뜨거워요.

too는 '너무 ~한'이라는 뜻의 단어예요. 형용사 앞에 too를 쓰면 약간 부정적인 느낌을 풍겨요. 앞의 이야기에서도 죽이 너무 뜨거워서 못 먹겠다는 부정적인 느낌을 too로 나타냈죠. 이처럼 무언가가 너무 어떠해서 별로일 때, 형용사 앞에 too를 씁니다.

It's too cold in here. Let's turn on the heater.

여긴 너무 추워. 히터를 틀자.

STEP 1 들으면서 눈으로 읽기 ▶ STEP 2 한 문장씩 따라 읽기 ▶ STEP 3 들으면서 동시에 읽기

/ 끊어 읽기 ⏝ 이어 읽기 ＼／ 억양

There was Papa Bear,/ Mama Bear,/ and Baby Bear. The Bear family lived in a house/ in a forest.

One day,/ Mama Bear made porridge for breakfast.

"This is too hot,"[1] said Baby Bear.

Mama Bear suggested, "Let's go for a walk. The porridge will cool down."

They left their house,/ but they didn't lock the door.

A girl was walking in the forest. Her name was Goldilocks. She saw the Bears' house.

"This is a very nice house," she said.

She knocked on the door,/ but nobody answered. She opened the door/ and went into the house. She saw three bowls of porridge/ on the table.

"I am hungry," she said. Goldilocks tasted the porridge/ in the biggest bowl.[2]

"This is too hot," she said. She moved on to the next one.

"This is too cold," she said. She tasted the porridge/ in the smallest bowl.

"This is just right!" She finished it.

발음 팁

[1] This is 연음되므로 단어를 각각 소리 내서 [디스 이즈]라고 하지 말고 [디시즈]처럼 이어서 발음하세요.

[2] tasted taste[테이스트]처럼 [t] 소리로 끝나는 단어의 과거형은 -ed가 [이드]로 소리 납니다. 그래서 tasted는 [테이스트드]가 아니라 [테이스티드]로 발음해요.

Goldilocks and the Three Bears ② 골디락스와 세 마리 곰 ②

 다음 이야기를 읽고 문제를 풀어 보세요.

▶ 해석·정답 p.177

Goldilocks went upstairs and saw three beds.

She lay down in Papa Bear's bed.

"This bed is too hard," she said.

She moved on to Mama Bear's bed.

"This bed is too soft," she said.

She went to the smallest bed.

"This bed feels just right."

Then, she fell asleep.

The Bear family came back home.

They noticed someone was in their house.

"Somebody ate my porridge," said Papa Bear.

"Somebody ate my porridge," said Mama Bear.

"Somebody ate my porridge and finished it!" Baby Bear

said and cried.

They went upstairs.

"Somebody is in my bed now!" said Baby Bear angrily.

They saw Goldilocks sleeping in the bed.

She finally woke up. She saw three bears staring at her.

She jumped out of the bed and

ran away as fast as possible.

After that, Goldilocks never

went into a stranger's house.

▶ lay 누웠다(lie의 과거형)

A 골디락스가 곰 가족의 침대를 각각 어떻게 느꼈는지 연결해 보세요.

1 Papa Bear's bed   •

2 Mama Bear's bed   •

3 Baby Bear's bed   •

• ⓐ 너무 푹신하다

• ⓑ 딱 좋다

• ⓒ 너무 딱딱하다

B 누군가가 자기 죽을 다 먹어 버린 것을 보고 아기 곰은 어떻게 했나요?

ⓐ 화를 냈다   ⓑ 다른 죽을 먹었다   ⓒ 울었다

C 다음 문장을 이야기의 진행에 맞게 순서대로 나열하세요.

ⓐ The Bear family came back home.

ⓑ Goldilocks woke up and ran away.

ⓒ Goldilocks went upstairs and saw the beds.

ⓓ The Bear family saw Goldilocks sleeping in bed.

_____ ⇨ _____ ⇨ _____ ⇨ _____

Learn More! 핵심 단어 확인하기 & 문장 들여다보기

MP3 026

 다음 단어를 읽고 공부한 단어에 체크해 보세요. ·····

☐ upstairs 위층으로

☐ feel ~한 느낌이 들다

☐ stare 뚫어지게 쳐다보다

☐ lie 눕다

☐ fall asleep 잠이 들다

☐ jump out of ~에서 뛰쳐나오다

☐ hard 딱딱한

☐ notice 알아차리다

☐ possible 가능한

☐ soft 푹신한, 부드러운

☐ angrily 화가 나서

☐ stranger 모르는 사람, 낯선 사람

문장 들여다보기 앞 이야기에 나왔던 중요한 문장을 자세히 익혀 보세요. ·····

1 They saw Goldilocks sleeping in the bed.

그들은 골디락스가 침대에서 자고 있는 것을 봤어요.

saw는 see(보다)의 과거형이에요. see 뒤에 사람을 넣으면 '(사람)을 보다'라는 뜻이 되는데, 'see + 사람 + 동사ing' 형태로 쓰면 '(사람)이 ~하고 있는 것을 보다'라는 뜻이 됩니다. 보고(see), 듣고(hear), 느끼는(feel) 것을 뜻하는 동사들은 이런 형태로 문장을 길게 만들 수 있어요. 그래서 '누군가가 ~하는 것을 듣다/느끼다'라고 할 때도 'hear/feel + 사람 + 동사ing' 형태로 쓰죠.

Roha saw Mindy talking to the teacher.

로하는 민디가 선생님과 이야기하고 있는 것을 봤어요.

2 She jumped out of the bed and ran away as fast as possible.

그녀는 침대에서 뛰쳐나와 가능한 한 빨리 도망갔어요.

'as + 형용사/부사 + as possible'은 '가능한 한 ~한/~하게'라는 뜻입니다. 그냥 ran away fast라고만 하면 '빨리 도망갔다'란 뜻이지만, 부사 fast(빨리) 앞뒤로 as ~ as를 쓰고 뒤에 '가능한'이라는 뜻의 possible을 붙여 주면 '가능한 한 빨리 도망갔다'라고 강조할 수 있어요.

Call me as soon as possible.

가능한 한 빨리 전화 주세요.

STEP 1 들으면서 눈으로 읽기 ▶ STEP 2 한 문장씩 따라 읽기 ▶ STEP 3 들으면서 동시에 읽기

／ 끊어 읽기 ⌣ 이어 읽기 ＼／ 억양

Goldilocks went upstairs/ and saw three beds.**1** She lay down in Papa Bear's bed.

"This bed is too hard," she said. She moved on/ to Mama Bear's bed.

"This bed is too soft," she said. She went to the smallest bed.

"This bed feels just right." Then,/ she fell asleep.

The Bear family came back home. They noticed/ someone was in their house.

"Somebody ate my porridge," said Papa Bear.

"Somebody ate my porridge," said Mama Bear.

"Somebody ate my porridge/ and finished it!" Baby Bear said/ and cried.

They went upstairs.

"Somebody is in my bed now!" said Baby Bear angrily.

They saw Goldilocks sleeping in the bed. She finally woke up. She saw three bears staring at her. She jumped out of the bed/ and ran away/ as fast as possible.**2**

After that,/ Goldilocks never went/ into a stranger's house.

발음 팁

1 **went upstairs** went[웬트]처럼 -nt로 끝나는 단어는 [t] 소리가 거의 나지 않아요. 그래서 went upstairs는 [웬 업스떼어스]라고 발음해 줍니다.

2 **as fast as** as와 as 사이에 있는 fast에 강세가 있으므로 [ㅐ]를 조금 길게 소리 내서 [패-스트]로 발음합니다. 앞뒤에 오는 as는 상대적으로 짧고 조금 약하게 발음하세요.

The Ugly Duckling

미운 오리 새끼

MP3 028

 다음 이야기를 읽고 문제를 풀어 보세요. ▶ 해석·정답 p.177

A mommy duck had some baby ducklings.

Everyone looked the same except for one.

He had gray feathers.

"You look different. You are ugly," said the other ducklings.

They called him Ugly Duckling. They always teased him.

Ugly Duckling was lonely, so he decided to leave.

"I am going to look for a new family."

It was getting cold.

At a farm, Ugly Duckling met a cat and a hen.

"Look at this ugly duck!" They treated him poorly.

"This is not the place for me," thought Ugly Duckling.

He left the farm. He wandered around.

The cold winter was almost over. He was very tired.

He found a group of beautiful swans in a pond.

"Why don't you join us?" they said.

They had smooth white feathers.

"Look at yourself in the water. You are one of us."

Ugly Duckling looked at himself in the pond.

He had beautiful white feathers.

"I am not an ugly duckling.

I am a beautiful swan!"

He spread his wings and

flew to the sky.

▶ mommy 엄마 duckling 새끼 오리 flew 날았다(fly의 과거형)

A Ugly Duckling에 대한 설명 중 맞는 것을 고르세요.

ⓐ 다른 동물들을 형편없이 대했다.

ⓑ 다른 오리들과 똑같이 생겼다.

ⓒ 어릴 때는 깃털이 회색이었다.

B 미운 오리 새끼가 만난 동물들을 차례대로 골라 기호를 쓰세요.

ⓐ swans   ⓑ ducklings   ⓒ a cat and a hen

_____ ⇨ _____ ⇨ _____

C 다음 중 글의 내용과 맞는 것에는 O, 틀린 것에는 X에 표시하세요.

1 Ugly Duckling wanted to look for a new family.

2 Ugly Duckling was not a duck but a swan.

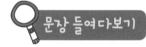 다음 단어를 읽고 공부한 단어에 체크해 보세요. ·····························

☐ **feather** 깃털

☐ **tease** 놀리다

☐ **look for** ~을 찾다

☐ **treat** 다루다, 대하다

☐ **poorly** 형편없이, 안 좋게

☐ **wander** 돌아다니다, 헤매다

☐ **group** 무리, 집단

☐ **swan** 백조

☐ **pond** 연못

☐ **smooth** 부드러운, 매끄러운

☐ **spread** 펼치다

☐ **fly** 날다, 날아가다

🔍 **문장 돌여다보기** 앞 이야기에 나왔던 중요한 문장을 자세히 익혀 보세요. ·····················

1 **They called him Ugly Duckling.**

그들은 그를 미운 오리 새끼라고 불렀어요.

동사 call은 '전화하다'라는 뜻도 있지만 '(사람을) 부르다/칭하다'라는 뜻도 있어요. 'call + 사람/동물 + 이름' 형태로 쓰면 '(사람/동물)을 (이름)이라고 부르다'라는 뜻이 됩니다.

We called the kitten Mimi.

우리는 그 새끼 고양이를 미미라고 불렀어요.

2 **I am going to look for a new family.**

나는 새 가족을 찾을 거야.

'be동사(am/is/are) + going to + 동사원형'은 '(앞으로) ~할 것이다, ~할 작정이다'라는 뜻의 표현으로, 미래의 결심이나 마음가짐을 나타낼 때 사용해요. 주어에 따라 be동사의 형태가 결정됩니다. 위의 문장에서는 주어가 I라서 be동사로 am이 왔어요.

Hojin is going to keep a diary in English.

호진이는 영어로 일기를 쓸 작정이에요.

50

STEP 1 들으면서 눈으로 읽기 ▶ STEP 2 한 문장씩 따라 읽기 ▶ STEP 3 들으면서 동시에 읽기

/ 끊어 읽기 ‿ 이어 읽기 ↘ ↗ 억양

A mommy duck had some baby ducklings. Everyone looked the same/ except for one. He had gray feathers.

"You look different. You are ugly," said the other ducklings.

They called him Ugly Duckling. They always teased him. Ugly Duckling was lonely,/ so he decided to leave. "I am going to look for‿a new family."

It was getting cold. At‿a farm,/ Ugly Duckling met‿a cat/ and‿a hen. **1**

"Look‿at this ugly duck!" They treated him poorly.

"This‿is not the place for me," thought Ugly Duckling.

He left the farm. He wandered‿around.

The cold winter was almost over. He was very tired.

He found‿a group of beautiful swans/ in‿a pond.

"Why don't you join‿us? ↘" they said. They had smooth white feathers.

"Look‿at yourself in the water. You are one‿of‿us." **2**

Ugly Duckling looked‿at himself in the pond. He had beautiful white feathers.

"I am not‿an ugly duckling. I am‿a beautiful swan!"

He spread his wings/ and flew to the sky.

발음 팁

1 **and a**   and a는 [앤드 어]라고 하나 하나 따로 발음하지 않고, and와 a가 연음되어 [앤더]처럼 소리 냅니다. 가끔씩 [n] 뒤에 오는 [d] 소리가 탈락되기도 해서, [애너]처럼 발음하기도 해요.

2 **one of us**   연결해서 빨리 발음하면 [원 어브 어스]가 아니라 [워너버스]처럼 소리 납니다.

11 The Goose That Laid Gold Eggs 황금알을 낳는 거위

MP3 031

다음 이야기를 읽고 문제를 풀어 보세요.

▶해석·정답 p.178

There was a farmer and his wife.

They lived with old animals on their farm.

They didn't have many things, but they were happy.

They loved their animals. They worked hard.

One day, they saw a gold egg in the goose coop.

"Look! The goose laid a gold egg!"

Every day, the goose laid one gold egg.

They sold the gold eggs at the market and bought new

things.

"We are rich. We don't need to work anymore."

They stopped working and sold their old animals.

Suddenly, there were no eggs in the coop.

"Is she sick? Maybe she is hungry."

They gave the goose more food, but she still didn't lay

any eggs.

52

Soon after, they spent all their money.

"Gold eggs must be in her stomach. Let's take them out,"

the farmer said.

However, there was none in her stomach.

"We killed the poor goose!"

"We are really sorry," they cried.

They had nothing left.

▶ coop (닭이나 거위의) 우리   however 그러나

A 이야기의 앞부분에서 농부와 부인의 상태는 어땠나요?

ⓐ 가난했지만 행복했다　　　ⓑ 가난했고 불행했다　　　ⓒ 부유했고 행복했다

B 거위가 황금알을 낳은 후, 농부와 부인이 한 행동을 순서대로 나열하세요.

ⓐ They stopped working.

ⓑ They bought new things.

ⓒ They killed the goose.

ⓓ They sold the gold eggs at the market.

_____ ⇨ _____ ⇨ _____ ⇨ _____

C 이 글을 읽고 얻을 수 있는 교훈으로 가장 알맞은 것을 고르세요.

ⓐ 착하게 살면 복이 온다.

ⓑ 과한 욕심은 화를 부른다.

ⓒ 실패는 성공의 어머니이다.

MP3 032

Learn More! 핵심 단어 확인하기 & 문장 들여다보기

 **핵심 단어 확인하기** 다음 단어를 읽고 공부한 단어에 체크해 보세요. ·······················

☐ animal 동물

☐ hard 열심히

☐ gold 금, 황금

☐ goose 거위

☐ lay (알을) 낳다

☐ sell 팔다

☐ buy 사다, 구입하다

☐ maybe 아마도, 어쩌면

☐ spend (시간/돈을) 쓰다

☐ kill 죽이다

☐ poor 불쌍한, 가여운

☐ left 남아 있는

🔍 **문장 들여다보기** 앞 이야기에 나왔던 중요한 문장을 자세히 익혀 보세요. ·······················

1 We don't need to work anymore.

우린 더 이상 일할 필요가 없어.

'need to + 동사원형'은 '~할 필요가 있다'라는 뜻이에요. 이것을 부정문으로 '~할 필요가 없다'라고
할 때는 'don't need to + 동사원형'으로 씁니다. 참고로 '~할 필요가 없었다'라고 과거 시제로 표현하
면 'didn't need to + 동사원형'이 되죠.

We don't need to wake up early on the weekend.
우리는 주말에 일찍 일어날 필요가 없어.

2 However, there was none in her stomach.

하지만 거위의 배 속에는 아무것도 없었어요.

none은 '하나도 ~없다, 전혀 ~없다'라는 뜻인데, 'no + 명사'를 대신하는 말이에요. no의 의미가 포
함되어 있기 때문에 문장을 부정문으로 만들죠. 그래서 there was none이라고 하면 '하나도 없었다,
아무것도 없었다'라는 뜻이 됩니다.

A: **Do we have any chocolate left?**
우리 초콜릿 남은 거 있어?

B: **No, we ate it all. We have none left.**
아니, 우리가 그거 다 먹었어. 하나도 남은 게 없어.

54

TRAINING ★ 섀도우 리딩 3단계 연습

MP3 033

STEP 1 들으면서 눈으로 읽기 ▶ STEP 2 한 문장씩 따라 읽기 ▶ STEP 3 들으면서 동시에 읽기

/ 끊어 읽기 ⌣ 이어 읽기 ＼ ／ 억양

There was a farmer/ and his wife. They lived with old animals/ on their farm.

They didn't have many things,/ but they were happy. They loved their animals.

They worked hard.

One day,/ they saw a gold egg/ in the goose coop.

"Look! The goose laid a gold egg!"

Every day,/ the goose laid one gold egg. They sold the gold eggs at the market/

and bought new things.

"We are rich. We don't need to work anymore."❶

They stopped working/ and sold their old animals.

Suddenly,/ there were no eggs in the coop.

"Is she sick? ↗❷ Maybe she is hungry."

They gave the goose more food,/ but she still didn't lay any eggs. Soon after,/

they spent all their money.

"Gold eggs must be in her stomach. Let's take them out," the farmer said.

However,/ there was none in her stomach.

"We killed the poor goose!" "We are really sorry," they cried.

They had nothing left.

발음 팁

❶ **don't need to** don't의 끝소리 [t]는 느낌만 살려서 약하게 발음해요. 한편 need의 [d]와 to의 [t]는 소리 내는 방법이 같으므로 앞의 자음 소리는 생략됩니다. 따라서 [돈 니-투] 라고 발음하면 돼요.

❷ **Is she** is는 [이즈]의 [즈]를 느낌만 살리므로 Is she는 [이즈 쉬]보다는 [이-ㅈ쉬]처럼 발음해요.

The Sun and the Moon ① 해님 달님 ①

다음 이야기를 읽고 문제를 풀어 보세요.

▶ 해석·정답 p.178

Mom, Brother, and Sister lived on a mountain.

One day, there was a party in town.

Mom left to help prepare food.

"Don't open the door for anyone. Be careful of Tiger."

She got some rice cake from the host after the party.

On her way back home, she ran into Tiger.

"Give me the rice cake. I won't eat you," Tiger said.

She gave him a piece and ran.

He ran after her and said, "Give me the rice cake. I won't eat you."

Soon, there was no rice cake left. Tiger ate Mom.

"I'm still hungry. I will eat her kids."

He went to their house. He knocked on the door.

"I'm home. Open the door," said Tiger.

"Mom's back," Sister said.

"Wait! It's not Mom's voice," Brother said.

"It's because I have a cold," Tiger pretended.

"It's cold outside. Let's open the door," said Sister.

She opened the door, and Tiger came in.

"Yikes! It's Tiger!"

Brother and Sister exclaimed.

▶ yikes 아이고, 이런, 악 (놀랐을 때 내는 소리)

A 호랑이는 엄마의 목소리가 아니라는 오빠의 말에 뭐라고 설명했나요?

ⓐ 감기에 걸렸다　　　ⓑ 떡이 목에 걸렸다　　　ⓒ 목을 다쳤다

B 다음 말을 한 게 누구인지 [보기]에서 골라 빈칸에 쓰세요.

보기　　　Brother　　Sister　　Tiger

ⓐ I'm home.　　　----------------------

ⓑ It's not Mom's voice.　　----------------------

ⓒ Let's open the door.　　----------------------

C 다음 중 글의 내용과 맞는 것에는 O, 틀린 것에는 X에 표시하세요.

1 Tiger was still hungry after he ate Mom.　　　O　X

2 Brother and Sister didn't open the door for Tiger.　　　O　X

핵심 단어 확인하기 다음 단어를 읽고 공부한 단어에 체크해 보세요. ⋯⋯⋯⋯⋯⋯⋯⋯⋯⋯⋯

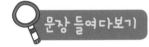

☐ mountain 🏔 산

☐ rice cake 떡

☐ kid 아이

☐ party 잔치, 파티

☐ host 주인, 주최자

☐ cold 감기; 추운

☐ prepare 준비하다

☐ run into 우연히 마주치다

☐ pretend ~인 척하다

☐ careful 조심하는

☐ piece 조각, ~의 하나

☐ outside 바깥에

🔍 문장 들여다보기 앞 이야기에 나왔던 중요한 문장을 자세히 익혀 보세요. ⋯⋯⋯⋯⋯⋯⋯⋯

1 Be careful of Tiger.

호랑이를 조심해.

'주어는 (형용사)하다'라는 의미를 나타낼 때 '주어 + be동사 + 형용사' 형태로 씁니다. She is quiet.(그녀는 조용하다.)처럼요. '(형용사)해라'라는 명령문을 만들 때는 be동사의 원형인 be로 문장을 시작해서 'Be + 형용사' 형태로 나타내죠. 그래서 Be quiet.는 '조용히 해라'라는 의미예요. 위의 문장에서 careful은 '조심하는'이라는 뜻의 형용사이므로, Be careful은 '조심해라'라는 뜻의 명령문이 됩니다.

Be quiet in the library.

도서관에서는 조용히 해.

2 It's because I have a cold.

그건 내가 감기에 걸려서 그래.

because는 '~이기 때문에'라는 뜻으로, 이유를 나타낼 때 쓰는 단어입니다. 'It's because + 주어 + 동사'는 '그것은 ~하기 때문이다'라는 뜻이에요. 위 문장의 It(그것)은 앞의 이야기에서 바로 앞에 나온 내용, 즉 It's not Mom's voice.(그건 엄마 목소리가 아니야.)라는 오빠의 말을 가리키는 것입니다.

A: **Why are you nervous?**

너 왜 긴장했어?

B: It's because **I have an exam today.**

그건 오늘 내가 시험이 있기 때문이야.

MP3 036

STEP 1 들으면서 눈으로 읽기 ▶ STEP 2 한 문장씩 따라 읽기 ▶ STEP 3 들으면서 동시에 읽기

/ 끊어 읽기 ⌣ 이어 읽기 ＼/ 억양

Mom,/ Brother,/ and Sister/ lived on a mountain.

One day,/ there was a party in town. Mom left to help prepare food.

"Don't open the door for anyone. Be careful of Tiger."

She got some rice cake from the host/ after the party. On her way back home,/

she ran into Tiger. "Give me the rice cake. I won't eat you,"**❶** Tiger said.

She gave him a piece/ and ran.

He ran after her and said,/ "Give me the rice cake. I won't eat you."

Soon,/ there was no rice cake left. Tiger ate Mom.

"I'm still hungry. I will eat her kids."

He went to their house. He knocked on the door.

"I'm home. Open the door," said Tiger.

"Mom's back," Sister said. "Wait! It's not Mom's voice," Brother said.

"It's because I have a cold,"**❷** Tiger pretended.

"It's cold outside. Let's open the door," said Sister.

She opened the door,/ and Tiger came in.

"Yikes! It's Tiger!" Brother and Sister exclaimed.

발음 팁

❶ won't eat you will not의 줄임말인 won't는 발음할 때 입을 오므린 상태에서 힘주어 소리 냅니다. 끝의 t는 느낌만 살려서 [워운티]처럼 발음해요. 한편 eat you는 [잇 유]라고도 하지만, [잇츄]라고도 많이 발음합니다. [t] 소리가 y의 [j] 소리와 만나면 [ㅊ]처럼 소리 나요.

❷ have a have와 a는 연음되므로 [해브 어]가 아니라 [해버]처럼 연결해서 발음해요.

The Sun and the Moon ② 해님 달님 ②

MP3 037

다음 이야기를 읽고 문제를 풀어 보세요. ▶해석·정답 p.179

Brother and Sister ran away. They got out of the house.

They saw a tree in their backyard. They climbed the tree.

Brother poured sesame oil, so Tiger couldn't climb the

tree.

Tiger slipped.

"Stupid Tiger! Don't you know? It's easier to climb up with

an axe," Sister said carelessly.

Tiger began to climb up with an axe.

Brother and Sister prayed for help. "Please help us!"

A rope came down from the sky. They went up and up.

Tiger also prayed, and an old rope came down.

Tiger also went up, but the rope suddenly broke.

He fell down and died.

After going up to the sky, Brother became the Sun, and

Sister became the Moon.

But Sister was afraid of the dark.

"Brother, I don't like the dark. I am scared," said Sister.

"Why don't I become the Moon? You can be the Sun."

Brother suggested, and they switched.

Finally, Sister became the Sun

in the day sky, and Brother

became the Moon in the night sky.

▶ sesame oil 참기름

A 오빠와 여동생은 집에서 나온 다음 어디로 도망갔나요?

ⓐ 밧줄을 타고 지붕 위로 올라갔다

ⓑ 뒤뜰에 있는 나무 위로 올라갔다

ⓒ 산속에 있는 동굴로 들어갔다

B 여동생이 나무에 쉽게 올라갈 수 있다고 이야기한 도구는 무엇인가요?

ⓐ sesame oil

ⓑ a rope

ⓒ an axe

C 위 글의 내용에 맞게 괄호 안에서 알맞은 단어를 고르세요.

1 Sister was afraid of the (dark / ropes).

2 Finally, Brother became the (Sun / Moon).

핵심 단어 확인하기 다음 단어를 읽고 공부한 단어에 체크해 보세요.

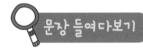

- [ ] **backyard** 뒤뜰
- [ ] **climb** 타고 오르다
- [ ] **pour** (액체를) 붓다
- [ ] **slip** 미끄러지다

- [ ] **stupid** 바보 같은, 멍청한
- [ ] **axe** 도끼
- [ ] **carelessly** 경솔하게
- [ ] **begin** 시작하다

- [ ] **pray** (신에게) 기도하다, 빌다
- [ ] **dark** 어둠, 암흑; 깜깜한
- [ ] **become** ~이 되다
- [ ] **switch** 바꾸다

문장 들여다보기 앞 이야기에 나왔던 중요한 문장을 자세히 익혀 보세요.

1 It's easier to climb up with an axe.

도끼로 올라오는 것이 더 쉬워.

이 문장은 'It is + 형용사 + to + 동사원형'의 문형입니다. '~하는 것이 …하다'라는 뜻이죠. 여기서 it 은 가주어(가짜 주어)이고 뒤의 'to + 동사원형'이 진짜 주어에 해당해요. 진짜 주어인 'to + 동사원형' 부분이 너무 길기 때문에 맨 앞에 가짜 주어 it을 대신 써요. 'to + 동사원형'은 '~하는 것'이라는 뜻인 데, 한 단위로 명사처럼 쓰입니다. 무엇을 하는 게 쉽다(easy), 어렵다(hard), 가능하다(possible) 등 을 나타낼 때 쓰는 문장 형태예요.

It's hard to learn a new sport.
새로운 스포츠를 배우는 것은 어려워요.

2 Why don't I become the Moon?

내가 달이 되는 게 어떨까?

'Why don't I + 동사원형?'은 그대로 해석하면 '난 왜 ~하지 않을까?'라는 뜻이지만, 실제로는 '내가 ~하는 게 어떨까?'라고 제안할 때 쓰는 표현이에요. 참고로 '우리가 ~하는 게 어떨까?'라고 제안할 때는 'Why don't we + 동사원형?', 상대방에게 '너 ~하는 게 어떨까?'라고 제안할 때는 'Why don't you + 동사원형?'으로 물어볼 수 있어요.

Why don't we go to the zoo?
우리가 동물원에 가는 게 어떨까?

TRAINING ★ 섀도우 리딩 3단계 연습

MP3 039

STEP 1 들으면서 눈으로 읽기 ▶ STEP 2 한 문장씩 따라 읽기 ▶ STEP 3 들으면서 동시에 읽기

/ 끊어 읽기 ‿ 이어 읽기 ↘ ↗ 억양

Brother and Sister ran away. They got out of the house. They saw a tree in their backyard. They climbed the tree. Brother poured sesame oil,/ so Tiger couldn't climb the tree. Tiger slipped.

"Stupid Tiger! Don't you know? ↗ 1 It's easier to climb up with an axe," 2 Sister said carelessly. Tiger began to climb up with an axe.

Brother and Sister prayed for help. "Please/ help us!"

A rope came down from the sky. They went up/ and up.

Tiger also prayed,/ and an old rope came down. Tiger also went up,/ but the rope suddenly broke. He fell down and died.

After going up to the sky,/ Brother became the Sun,/ and Sister became the Moon. But Sister was afraid of the dark.

"Brother,/ I don't like the dark. I am scared," said Sister.

"Why don't I become the Moon?↘ You can be the Sun." Brother suggested,/ and they switched.

Finally,/ Sister became the Sun/ in the day sky,/ and Brother became the Moon/ in the night sky.

발음 팁

1 Don't you don't의 [t] 소리를 아예 약화시켜 [돈 유]라고 발음하기도 하고, [t]를 뒤의 you와 연결해 [돈츄]라고 발음하기도 합니다.

2 climb up climb에서 b는 묵음이기 때문에 [클라임]으로 발음합니다. clime up은 연음되므로 [클라임 업]보다는 [클라이멉]처럼 발음해요.

Belling the Cat

고양이에게 방울 달기

MP3 040

다음 이야기를 읽고 문제를 풀어 보세요.

▶ 해석·정답 p.179

A group of mice lived in a house.

The people there left plenty of food.

The mice never had to worry about food.

One day, the owner of the house bought a cat.

The cat was very scary.

It hunted the mice and ate them one by one.

All the mice got together.

"What can we do? We can't live like this. We need to come up with a plan."

Every mouse thought hard.

There was silence for a long time.

"I can't think of anything," said one mouse.

"I have no idea," said another mouse.

Finally, a young smart mouse made a suggestion.

"I have a brilliant idea. Let's hang a bell on the cat's neck.

Then we will always know where the cat is."

"That is a fantastic idea!" every mouse said.

Just then, a wise old mouse said,

"I have a question. Who is going to hang

the bell on the cat's neck?"

Nobody said anything.

▶ one by one 하나하나씩, 차례대로

A 왜 쥐들은 처음에는 음식 걱정을 할 필요가 없었나요?

ⓐ Because people lived together with the mice.

ⓑ Because people left a lot of food.

ⓒ Because people had a fantastic idea.

B 왜 젊고 똑똑한 쥐의 제안은 효과가 없을까요?

ⓐ 집에 고양이가 너무 많아서

ⓑ 고양이 목에 달 방울을 구할 수 없어서

ⓒ 그 일을 할 수 있는 쥐가 아무도 없어서

C 다음 중 글의 내용과 맞는 것에는 O, 틀린 것에는 X에 표시하세요.

1 The cat hunted the mice and ate them.

2 A young mouse hung a bell on the cat's neck.

핵심 단어 확인하기 다음 단어를 읽고 공부한 단어에 체크해 보세요. ·······················

☐ mice 쥐들

☐ plenty of 충분한, 많은

☐ owner 주인

☐ hunt 사냥하다

☐ get together 모이다

☐ silence 침묵

☐ smart 영리한, 똑똑한

☐ suggestion 제안

☐ brilliant 아주 좋은, 훌륭한

☐ hang 매달다, 걸다

☐ bell 방울, 종

☐ fantastic 환상적인, 아주 좋은

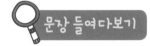

문장 들여다보기 앞 이야기에 나왔던 중요한 문장을 자세히 익혀 보세요. ·······················

1 One day, the owner of the house bought a cat.

어느 날, 그 집의 주인이 고양이 한 마리를 샀습니다.

of는 소유를 나타낼 때 쓰는 전치사로 '~의'라는 뜻이에요. '제인의 가방'처럼 사람의 소유격을 나타낼 때는 Jane's bag처럼 사람 뒤에 's를 붙이지만, '그 집의 주인'처럼 사물의 소유격을 나타낼 때는 '명사 + of + 명사' 형태로 표현해요. 이때 순서가 'the owner(주인) + of + the house(그 집)'처럼 우리말과는 반대라는 점에 주의하세요.

The title of this book is *A Big Lion*.

이 책의 제목은 '커다란 사자'이다.

2 I have no idea.

전혀 모르겠어요. / 아이디어가 없어요.

I have no idea.는 그대로 해석하면 '나는 아이디어가 없다'라는 뜻인데, 문맥에 따라 '전혀 모르겠다'라는 의미로도 많이 사용됩니다. 여기에서는 두 가지로 모두 해석할 수 있어요. have no idea는 '모르다, 알지 못하다'라는 의미로 회화체에서 자주 쓰이니 잘 알아 두세요.

A: **Do you know why there are so many people here?**

왜 여기에 사람이 아주 많은지 알아?

B: **I have no idea.**

전혀 모르겠어.

/ 끊어 읽기 ⌣ 이어 읽기 ↘ ↗ 억양

A group of mice lived in a house. The people there left plenty of food.[1] The mice never had to worry about food.

One day,/ the owner of the house/ bought a cat. The cat was very scary. It hunted the mice/ and ate them one/ by one. All the mice got together.

"What can we do? ↘ We can't live like this. We need to come up with a plan."

Every mouse thought hard. There was silence for a long time.

"I can't think of anything," said one mouse.

"I have no idea," said another mouse.

Finally,/ a young smart mouse/ made a suggestion.

"I have a brilliant idea. Let's hang a bell on the cat's neck. Then we will always know where the cat is."

"That is a fantastic idea!"[2] every mouse said.

Just then,/ a wise old mouse said, "I have a question. Who is going to hang the bell/ on the cat's neck? ↗ "

Nobody said anything.

발음 팁

[1] **plenty of** [플렌티 어브]라고 발음하기도 하지만, [t] 소리를 약화시켜서 [플레니 어브]처럼 발음하기도 합니다.

[2] **fantastic** [판타스틱]이라고 발음하면 틀려요. 여기서 a는 둘 다 [ㅐ]로 소리 납니다. 강세는 두 번째 a에 있기 때문에 같은 억양과 길이로 [팬태스틱]이라고 발음하면 안 돼요. 앞의 [팬]은 약하고 짧게, 뒤의 [태]는 강하고 길게 소리 내서 [팬태-스틱]처럼 발음하세요.

15 The Fountain of Youth 젊음의 샘

MP3 043

다음 이야기를 읽고 문제를 풀어 보세요.

▶ 해석·정답 p.180

An old couple lived in the mountains.

They didn't have any children.

One day, the husband went to get wood and found a beautiful pond.

"I'm tired. I will take a break."

He drank some pond water and fell asleep.

He turned young.

After a while, he woke up and went back home.

"Who are you?" asked the wife.

"I'm your husband. Oh! Wait! I'm young now!"

The husband was surprised. He told her about the pond.

The next day, the husband took his wife to the pond.

She drank some water. She also turned young.

A greedy old man heard the story.

He went to the pond and gulped some water.

"I am going to be young again."

He drank so much water that he turned into a baby.

The couple found the baby beside the pond.

"This baby is a gift for us,"

said the wife.

They lived happily ever after.

▶ ever after 그 후로 계속

A 연못의 물을 마신 후 남편에게 무슨 일이 생겼나요? 빈칸에 알맞은 단어를 쓰세요.

The husband turned _____.

B 연못의 물을 너무 많이 마시면 어떻게 되나요?

ⓐ 괴물로 변한다.

ⓑ 잠이 온다.

ⓒ 아기로 변한다.

C 다음 문장을 이야기의 진행에 맞게 순서대로 나열하세요.

ⓐ The greedy old man turned into a baby.

ⓑ The wife turned young.

ⓒ The husband turned young.

ⓓ The husband drank some pond water.

_____ ⇨ _____ ⇨ _____ ⇨ _____

✏️ **핵심 단어 확인하기** 다음 단어를 읽고 공부한 단어에 체크해 보세요. ·················

☐ **couple** 부부, 연인

☐ **children**  아이들

☐ **take a break** 잠시 쉬다

☐ **turn** ~하게 되다, 변하다

☐ **young** 젊은, 어린

☐ **tell** 말하다, 이야기하다

☐ **greedy** 욕심 많은

☐ **hear** 👦 듣다

☐ **story** 이야기

☐ **gulp** 벌컥벌컥 마시다

☐ **beside** ~의 옆에

☐ **gift** 🎁 선물

🔍 **문장 들여다보기** 앞 이야기에 나왔던 중요한 문장을 자세히 익혀 보세요. ·················

1 He turned young.

그는 젊어졌어요.

turn에는 '돌다, 회전하다'라는 뜻도 있지만, 뒤에 형용사가 오면 '~해지다, ~하게 변하다'라는 뜻이 됩니다. 날씨나 나이, 색깔 등이 변하는 느낌을 더 확실하게 표현해 주는 동사예요. 그래서 turned young은 '젊어졌다, 젊게 변했다'라는 의미가 됩니다. 참고로 '~으로 변하다'라고 할 때는 turn into를 씁니다.

Tom turned pale when everyone looked at him.

탐은 모든 사람이 자기를 쳐다보자 창백해졌어요.

2 He drank so much water that he turned into a baby.

그는 너무 많은 물을 마셔서 아기로 변했어요.

'so + 형용사 + that + 주어 + 동사'는 '너무 (형용사)해서 ~하다'라는 뜻으로, 원인과 결과를 나타내는 표현이에요. 그런데 위 문장처럼 so ~ that 사이에 'many/much + 명사'를 넣으면 '너무 많은 명사를 ~해서 …하다'라는 뜻을 나타낼 수 있습니다. many와 much는 둘 다 '많은'이란 뜻인데 many는 셀 수 있는 명사, much는 셀 수 없는 명사 앞에 써요. 여기서 water는 액체라서 셀 수 없으니까 much를 써서 He drank so much water(그는 너무 많은 물을 마셨다)가 된 거예요. 그리고 그 결과에 대한 부분을 뒤에 'that + 주어 + 동사'로 연결했어요.

Victoria eats so much candy that she already has a few cavities.

빅토리아는 너무 과자를 많이 먹어서 벌써 충치가 두세 개 있다.

STEP 1 들으면서 눈으로 읽기 ▶ STEP 2 한 문장씩 따라 읽기 ▶ STEP 3 들으면서 동시에 읽기

/ 끊어 읽기 ◡ 이어 읽기 ↘↗ 억양

An old couple lived ◡ in the mountains. They didn't have any children.

One day,/ the husband went ◡ to get wood/ and found ◡ a beautiful pond.

"I'm tired. I will take ◡ a break." ❶

He drank some pond water/ and fell ◡ asleep. He turned young. After ◡ a while,/ he woke ◡ up and went back home.

"Who are you? ↘" asked the wife.

"I'm your husband. Oh! Wait! I'm young now!"

The husband was surprised. He told her about the pond. The next day,/ the husband took his wife to the pond. She drank some water. She also turned young.

A greedy old man heard ◡ the story. He went to the pond/ and gulped some water. ❷

"I am going to be young again."

He drank so much water/ that he turned ◡ into a baby. The couple found the baby beside the pond.

"This baby is ◡ a gift for ◡ us," said the wife.

They lived happily/ ever after.

발음 팁

❶ **take a** [테이크 어]라고 한 단어씩 읽는 게 아니라 연음해서 [테이커]처럼 부드럽게 이어서 발음합니다.

❷ **gulped some water** gulp는 숨을 뱉어내는 소리인 [p]로 끝나므로 뒤의 -ed는 [t] 소리가 납니다. 따라서 gulped는 [걸프트]로 발음해요. 한편 미국 사람들은 water의 [t] 발음을 약화시켜서 [워터]가 아니라 [워러]에 가깝게 발음합니다.

71

The Magic Cooking Pot ① 마법의 요리 냄비 ①

▶해석·정답 p.180

다음 이야기를 읽고 문제를 풀어 보세요.

Long ago, there was a mom and a girl.

They were very poor. There was no food in the house.

The girl went to the forest to get firewood and berries.

The weather was cold and windy.

She was tired and hungry. She began to cry.

Suddenly, an old lady appeared.

"Don't cry, little girl. I will help you. Take this pot," **said the old lady.** "When you are hungry, say, 'Cook, little pot, cook.' When the pot is full, say, 'Stop, little pot.' Then, it will stop cooking. But promise me. Don't tell anybody about this."

The girl promised and went back home.

"Mom! Look what I got," **said the girl.**

She took the pot to the kitchen.

She whispered, "Cook, little pot, cook."

The pot made warm porridge.

When it was full, she said, "Stop, little pot."

The pot stopped cooking just like that.

"This is magic! We will not be

hungry anymore."

The girl and her mom were

very happy.

A 소녀는 왜 숲에 갔나요?

ⓐ 마법의 냄비를 얻으려고

ⓑ 나이 든 여인을 만나려고

ⓒ 땔감과 산딸기를 구하려고

B 글의 내용에 맞게 괄호 안에서 알맞은 단어를 고르세요.

1 The girl and her mom were (poor / tired).

2 The magic pot made (berries / porridge).

C 빈칸에 알맞은 단어를 넣어 냄비가 요리를 하게 하는 주문과 멈추게 하는 주문을 각각 완성하세요.

1 요리하는 주문

----------------- , ----------------- ----------------- , ----------------- .

2 요리를 멈추는 주문

----------------- , ----------------- ----------------- .

 다음 단어를 읽고 공부한 단어에 체크해 보세요. ·······················

☐ **firewood** 땔감, 장작 ☐ **pot**  솥, 냄비 ☐ **kitchen** 부엌

☐ **berry** 산딸기 ☐ **cook** 요리하다 ☐ **whisper** 속삭이다

☐ **windy** 바람이 많이 부는 ☐ **full** 가득 찬; 배부른 ☐ **warm** 따뜻한

☐ **lady** 여성 ☐ **promise** 약속하다 ☐ **magic** 마법

문장 들여다보기 앞 이야기에 나왔던 중요한 문장을 자세히 익혀 보세요. ·······················

1 Look what I got.

내가 무엇을 얻었는지 보세요.

look은 '보다'라는 뜻이에요. 위의 문장에서 what I got은 동사 look의 목적어 역할을 해요. what은 '무엇'이라는 뜻의 단어인데 'what + 주어 + 동사'는 '(주어)가 무엇을 ~하는지'라는 의미입니다. 그래서 what I got은 '내가 무엇을 얻었는지'라는 뜻이 되죠.

Can you see what Jamie is eating?

제이미가 무엇을 먹고 있는지 보여요?

2 We will not be hungry anymore.

우리는 더 이상 배고프지 않을 거예요.

will은 '~할 것이다', '~일 것이다'라는 미래의 의미를 나타내는 조동사예요. 조동사가 나오는 문장을 부정문으로 만드는 법은 간단해요. 조동사 뒤에 not만 붙이면 됩니다. will not은 줄임말인 won't도 많이 쓰는데, '~하지 않을 것이다'라는 뜻이죠. 조동사 뒤에는 항상 동사원형이 오므로, 위의 문장에서는 be동사 am, are, is의 원형인 be가 왔어요.

Cell phones will not be expensive anymore.

휴대폰은 더 이상 비싸지 않을 거예요.

74

STEP 1 들으면서 눈으로 읽기 ▶ STEP 2 한 문장씩 따라 읽기 ▶ STEP 3 들으면서 동시에 읽기

/ 끊어 읽기 ‿ 이어 읽기 ↘↗ 억양

Long ago,/ there was‿a mom/ and‿a girl. They were very poor. There was no food in the house. The girl went‿to the forest/ to get firewood/ and berries.❶

The weather was cold‿and windy. She was tired/ and hungry. She began to cry. Suddenly,/ an old lady appeared.

"Don't cry,/ little girl. I will help you. Take this pot," said the old lady. "When you are hungry,/ say,/ 'Cook,/ little pot,/ cook.' When the pot is full,/ say,/ 'Stop,/ little pot.' Then,/ it will stop cooking. But/ promise me. Don't tell anybody about this."

The girl promised/ and went back home.

"Mom! Look what‿I got,"❷ said the girl.

She took the pot to the kitchen. She whispered, "Cook,/ little pot,/ cook."

The pot made warm porridge. When it was full,/ she said, "Stop,/ little pot."

The pot stopped cooking/ just like that.

"This‿is magic! We will not be hungry anymore."

The girl‿and her mom were very happy.

발음 팁

❶ **went to** went의 끝소리와 to의 첫소리가 같기 때문에 [t]를 두 번 발음하지 않습니다. 따라서 [웬트 투]가 아니라 [웬-투]로 부드럽게 연결해서 발음하세요.

❷ **what I got** 일반적으로 what과 I를 연음해서 소리 냅니다. [t] 소리는 약화되므로 [왓 아이 갓]보다는 [와다이 갓]처럼 발음해 주세요.

The Magic Cooking Pot ② 마법의 요리 냄비 ②

 다음 이야기를 읽고 문제를 풀어 보세요.

▶ 해석·정답 p.181

The girl and her mom used the magic pot every day.

They were no longer hungry.

Her mom asked the girl, "What are the magic words?"

"I am sorry, Mom. But I promised I wouldn't tell anybody,"

said the girl.

One day, her mom overheard the first magic words.

But she missed the second ones.

When the girl left home for firewood, her mom got hungry.

She said, "Cook, little pot, cook."

The pot started making porridge.

But she didn't know how to stop it.

"Stop cooking," said the mom, but the pot didn't stop.

The porridge overflowed.

The house became full of porridge.

Just then, the girl came back home.

She shouted, "Stop, little pot!"

The pot stopped just like that.

All the neighbors could smell the delicious food.

They went to the girl's house and

enjoyed delicious porridge.

Everyone was very happy.

▶ no longer 더 이상 ~하지 않은

A 왜 소녀는 엄마에게 마법 주문을 알려 주지 않았나요?

ⓐ 아무에게도 말하지 않기로 약속해서

ⓑ 죽이 흘러넘칠까 봐 걱정되어서

ⓒ 정확한 마법 주문을 잊어 버려서

B [보기]에서 알맞은 단어를 골라 문장을 완성하세요.

보기   smelled   became   overheard

1 The girl's mom _____ the first magic words.
2 The house _____ full of porridge.
3 The neighbors _____ the delicious porridge.

C 다음 중 글의 내용과 맞는 것에는 O, 틀린 것에는 X에 표시하세요.

1 The girl's mom knew the two magic words.

2 At last, the girl stopped the magic pot.

77

MP3 050

Learn More! 핵심 단어 확인하기 & 문장 들여다보기

 핵심 단어 확인하기 다음 단어를 읽고 공부한 단어에 체크해 보세요. ·····

☐ **use** 사용하다, 이용하다

☐ **miss** 놓치다

☐ **full of** ~으로 가득 찬

☐ **magic words** 마법 주문

☐ **second** 두 번째의

☐ **shout** 외치다

☐ **overhear** 우연히 듣다, 엿듣다

☐ **start** 시작하다

☐ **neighbor** 이웃 사람

☐ **first** 첫 번째의

☐ **overflow** 넘치다

☐ **smell** 냄새 맡다

문장 들여다보기 앞 이야기에 나왔던 중요한 문장을 자세히 익혀 보세요. ·····

1 But I promised I wouldn't tell anybody.

하지만 전 아무에게도 말하지 않겠다고 약속했어요.

promise는 '~을 약속하다'라는 뜻의 동사예요. '~하기로 약속하다'라고 할 때는 'promise that + 주어 + 동사' 형태로 쓰는데, that은 여기서 생략할 수 있어요. 한편 '~할 것이라고 약속하다'라고 할 때는 미래의 의향을 나타내는 will을 씁니다. 위의 문장에서는 promised(약속했다)가 과거의 일이니까 will도 과거형인 would로 썼어요. wouldn't는 would not의 줄임말로 '~하지 않을 것이다'란 뜻이에요.

Sammy promised he wouldn't stay up late.

새미는 밤에 늦게까지 깨어있지 않겠다고 약속했어요.

2 But she didn't know how to stop it.

하지만 그녀는 그것을 멈추는 방법을 몰랐어요.

how는 '어떻게'라는 뜻으로, 방법을 물어볼 때 쓰는 단어예요. 'how to + 동사원형'은 '어떻게 ~하는지' 또는 '~하는 방법'이라는 뜻입니다. '~을 알다'라는 뜻의 동사 know 뒤에 연결하면 '~하는 방법을 알다'라는 뜻이 되죠.

Gayoung didn't know how to skate.

가영이는 스케이트 타는 법을 몰랐어요.

STEP 1 들으면서 눈으로 읽기 ▶ STEP 2 한 문장씩 따라 읽기 ▶ STEP 3 들으면서 동시에 읽기

/ 끊어 읽기 ⌣ 이어 읽기 ↘ ↗ 억양

The girl and her mom used the magic pot/ every day.**❶** They were no longer hungry.

Her mom asked the girl, "What are the magic words?↘"

"I am sorry,/ Mom. But I promised I wouldn't tell anybody," said the girl.

One day,/ her mom overheard the first magic words. But she missed the second ones.**❷**

When the girl left home for firewood,/ her mom got hungry.

She said, "Cook,/ little pot,/ cook."

The pot started making porridge. But she didn't know how to stop it.

"Stop cooking," said the mom,/ but the pot didn't stop. The porridge overflowed. The house became full of porridge. Just then,/ the girl came back home.

She shouted, "Stop,/ little pot!"

The pot stopped/ just like that. All the neighbors could smell the delicious food. They went to the girl's house/ and enjoyed delicious porridge. Everyone was very happy.

발음 팁

❶ used the used는 use를 조금 더 길게 발음하고 끝의 d는 느낌만 살리는 식으로 [유-즈드]처럼 발음하세요. used의 끝소리 [d]와 the의 [ð] 소리가 비슷하므로 [유즈드 더]가 아니라 부드럽게 [유-즈더]처럼 발음해요.

❷ missed the missed는 [미스트]로 발음됩니다. missed the도 used the와 마찬가지로 missed의 끝소리 [t]는 느낌만 살려서 [미스트 더]가 아니라 [미-스더]로 발음합니다.

Pandora and the Mysterious Box 판도라와 신비한 상자

 다음 이야기를 읽고 문제를 풀어 보세요.　　　　　▶ 해석·정답 p.181

Prometheus was a god of fire. He gave humanity fire.

Zeus, the king of the Olympian gods, didn't like it.

Zeus decided to make trouble for humans.

He ordered, "Make a woman out of mud."

Zeus gave the mud woman life and named her Pandora.

Prometheus's brother fell in love with her, and they got married. Zeus gave Pandora a box.

He said, "This is a wedding gift. But never ever open it."

Pandora wondered what was inside the box.

She became more and more curious.

Pandora thought, "Why did Zeus say, 'Don't open it'? There must be something important."

She couldn't resist her curiosity and opened the box.

As soon as she opened it, evil things and emotions came out.

Pandora was very surprised and quickly closed the box.

Then, she heard a voice from inside the box.

"Let me out. I am hope. I can help people."

Pandora opened the box again,

and hope came out.

That's why we always have hope

even when we have many hardships.

▶ Olympian 올림포스 신의, 고대 그리스 신의

A 제우스가 판도라에게 상자를 준 진짜 목적은 무엇이었나요?

ⓐ 판도라를 놀라게 해 주려고

ⓑ 결혼을 축하해 주려고

ⓒ 인간들에게 문제를 일으키려고

B 글의 내용에 맞게 괄호 안에서 알맞은 단어를 고르세요.

1 Pandora opened the box because of her (curiosity / trouble).

2 There were (wedding / evil) things in the box.

C 마지막에 상자 속에 남은 것은 무엇이었나요?

ⓐ 호기심 ⓑ 희망 ⓒ 고난

 **핵심 단어 확인하기** 다음 단어를 읽고 공부한 단어에 체크해 보세요. ⋯⋯⋯⋯⋯⋯⋯⋯⋯⋯⋯⋯

☐ **god** 신   ☐ **wonder** 궁금해하다   ☐ **evil** 사악한, 흉악한

☐ **humanity** 인류, 인간   ☐ **curious** 궁금해하는, 호기심 강한   ☐ **emotion** 감정

☐ **trouble** 문제, 곤란   ☐ **resist** 견디다, 저항하다   ☐ **hope** 희망

☐ **mud** 진흙   ☐ **curiosity** 호기심   ☐ **hardship** 고난, 어려움

문장 들여다보기 앞 이야기에 나왔던 중요한 문장을 자세히 익혀 보세요. ⋯⋯⋯⋯⋯⋯⋯⋯⋯⋯⋯

1 But never ever open it.

하지만 절대 그걸 열지 말아라.

'~하지 마라'라는 뜻의 부정 명령문은 보통 'Don't + 동사원형'의 형태로 쓰는데, 이것을 더 강조해서 '절대 ~하지 마라'라고 할 때는 동사 앞에 never를 씁니다. never는 '절대 ~않다'라는 뜻으로, 단어 자체에 부정의 뜻이 들어가 있어요. 따라서 'Never + 동사원형'으로만 써도 되지만, never 뒤에 ever 를 붙이면 '절대로, 결코' 하지 말라고 더 강조하는 표현이 됩니다.

Never ever tell a lie.

절대 거짓말하지 마.

2 She became more and more curious.

그녀는 점점 더 궁금해졌어요.

비교급은 '더 ~한'이라는 뜻을 나타내는 표현입니다. 형용사나 부사의 비교급은 보통 단어 뒤에 -er 을 붙여서 만들어요. 예를 들어 tall(키가 큰)의 비교급은 taller(더 키가 큰)이에요. 그런데 curious(궁금해하는)처럼 3음절 이상의 긴 단어는 앞에 more를 붙여서 비교급을 만들어요. 그래서 curious의 비교급은 more curious(더 궁금해하는)입니다. 이때 '비교급 + and + 비교급' 형태로 쓰면 '점점 더 ~한'이라는 뜻이 되죠. 따라서 more and more curious는 '점점 더 궁금해하는'이라는 뜻이 돼요.

Julia became taller and taller.

줄리아는 점점 더 키가 커졌어요.

STEP 1 들으면서 눈으로 읽기 ▶ **STEP 2** 한 문장씩 따라 읽기 ▶ **STEP 3** 들으면서 동시에 읽기

/ 끊어 읽기 ‿ 이어 읽기 ＼↗ 억양

Prometheus was a god of fire.**①** He gave humanity fire. Zeus,/ the king of the Olympian gods,/ didn't like it.**②** Zeus decided to make trouble for humans.

He ordered,/ "Make a woman out of mud."

Zeus gave the mud woman life/ and named her Pandora. Prometheus's brother fell in love with her,/ and they got married. Zeus gave Pandora a box.

He said, "This is a wedding gift. But/ never/ ever open it."

Pandora wondered what was inside the box. She became more and more curious. Pandora thought, "Why did Zeus say,/ 'Don't open it'? ＼ There must be something important."

She couldn't resist her curiosity/ and opened the box. As soon as she opened it,/ evil things and emotions came out. Pandora was very surprised/ and quickly closed the box. Then,/ she heard a voice from inside the box.

"Let me out. I am hope. I can help people."

Pandora opened the box again,/ and hope came out. That's why we always have hope/ even when we have many hardships.

발음 팁

① **Prometheus** 우리말로는 '프로메테우스'라고 하지만 영어 발음은 [프러미씨어스]에 가까워요. 여기서 th 발음은 혀를 윗니와 아랫니 사이에 넣었다가 숨을 내쉬는 동시에 혀를 뒤로 빼면서 발음해요.

② **Zeus** 영어로는 [제우스]가 아니라 [주스]라고 발음합니다. 이때 [z] 발음은 우리말의 [ㅈ]보다 입을 더 작게 벌린 후 입술을 더 옆으로 길게 빼서 소리 내는데, 이때 혀가 입 천장과 이 뒤에 붙지 않게 주의하세요.

The Tiger That 은혜 갚은 호랑이
Returned the Favor

 다음 이야기를 읽고 문제를 풀어 보세요. ▶해석·정답 p.182

Once upon a time, there was a good doctor.

One day, a tiger cub appeared and asked for help.

"Help my dad, doctor."

The doctor followed the cub. A big tiger was in pain.

The doctor found a big bone in the tiger's throat.

He was scared, but he pulled the bone out of the tiger's throat.

"Thank you, doctor. We owe you. I will return the favor someday," the tiger said.

Many years later, the tiger visited the doctor.

"I'm too old now. The town is going to reward you if you kill me," said the tiger. "Please bring your arrow to town tomorrow."

As the tiger promised, he appeared in town.

The tiger roared, and the people in town screamed.

The doctor stood in front of the tiger.

The tiger didn't move.

He shot an arrow, and the tiger fell down.

The people gave him lots of rice and money.

The doctor thought, "The tiger really returned the favor."

▶ shot 쏘았다(shoot의 과거형) return the favor 은혜를 갚다

A 왜 의사는 새끼 호랑이를 따라갔나요?

ⓐ 새끼 호랑이가 도움을 요청해서

ⓑ 새끼 호랑이가 은혜를 갚겠다고 해서

ⓒ 아빠 호랑이가 무서워서

B 아빠 호랑이의 목구멍에는 뭐가 걸려 있었나요?

ⓐ an arrow

ⓑ meat

ⓒ a big bone

C 다음 중 글의 내용과 맞는 것에는 O, 틀린 것에는 X에 표시하세요.

1 The tiger cub gave the doctor rice and money.

2 The doctor shot an arrow at the tiger.

Learn More! 핵심 단어 확인하기 & 문장 들여다보기

MP3 056

핵심 단어 확인하기 다음 단어를 읽고 공부한 단어에 체크해 보세요. ·····················

- [ ] cub 새끼 호랑이/사자
- [ ] follow 따라가다
- [ ] pain 고통, 통증
- [ ] bone 뼈

- [ ] throat 목구멍
- [ ] owe 신세를 지고 있다
- [ ] reward 보상하다, 사례하다
- [ ] arrow 화살

- [ ] roar (사자, 호랑이가) 으르렁대다
- [ ] scream 비명을 지르다
- [ ] shoot (화살을) 쏘다
- [ ] fall down 쓰러지다, 넘어지다

문장 들여다보기 앞 이야기에 나왔던 중요한 문장을 자세히 익혀 보세요. ·····················

1 We owe you.

우리가 당신에게 신세를 졌네요.

owe는 '~에게 신세를 지고 있다, 은혜를 입고 있다'라는 뜻의 동사입니다. 어떤 사람이 나에게 좋은 일을 해 주었거나 부탁을 들어주었을 때 owe 뒤에 사람을 넣어 말해요. 내가 나중에 신세 진 것을 갚겠다는 의미가 포함되어 있어요.

Lisa helped me clean the classroom. I owe her.

리사는 내가 교실 청소하는 걸 도와줬어. 내가 그녀에게 신세를 졌어.

2 As the tiger promised, he appeared in town.

호랑이는 약속한 대로, 마을에 나타났습니다.

as는 '~대로, ~한 대로'라는 뜻의 접속사입니다. '~가 …한 대로'라고 할 때는 'as + 주어 + 동사' 형태를 사용해요.

As our teacher said, math is very important.

우리 선생님이 말씀하셨던 대로, 수학은 매우 중요해요.

MP3 057

STEP 1 들으면서 눈으로 읽기 ▶ STEP 2 한 문장씩 따라 읽기 ▶ STEP 3 들으면서 동시에 읽기

/ 끊어 읽기 ⌣ 이어 읽기 ↘ ↗ 억양

Once upon a time,/ there was a good doctor.[1]

One day,/ a tiger cub appeared/ and asked for help.

"Help my dad,/ doctor."

The doctor followed the cub. A big tiger was in pain. The doctor found a big bone/ in the tiger's throat. He was scared,/ but he pulled the bone out of the tiger's throat.[2]

"Thank you,/ doctor. We owe you. I will return the favor someday," the tiger said.

Many years later,/ the tiger visited the doctor.

"I'm too old now. The town is going to reward you/ if you kill me," said the tiger. "Please/ bring your arrow to town tomorrow."

As the tiger promised,/ he appeared in town. The tiger roared,/ and the people in town screamed. The doctor stood in front of the tiger. The tiger didn't move. He shot an arrow,/ and the tiger fell down. The people gave him lots of rice and money.

The doctor thought, "The tiger really returned the favor."

발음 팁

[1] upon a [n]이 그 다음에 오는 모음 소리 a와 연음되어서 [어폰 어]가 아니라 [어포너]처럼 부드럽게 이어서 발음해요.

[2] scared s 뒤에 c나 k가 오면 [스키]가 아니라 [스끼]처럼 된소리로 발음해요. 그래서 scared는 [스케어드]가 아니라 [스께어드]처럼 발음하죠. 마찬가지로 scream도 [스크림]이 아니라 [스끄림]으로 발음하므로 주의하세요.

 다음 이야기를 읽고 문제를 풀어 보세요.

▶해석·정답 p.182

Pygmalion was a sculptor.

He wanted to carve the most beautiful woman in the world, but he couldn't find the perfect model.

He carved his ideal woman out of ivory.

When he completed the sculpture, he named it Galatea.

"She is perfect," said Pygmalion.

He fell in love with her.

He talked to the sculpture Galatea every day.

"Good morning. You look beautiful today."

He also brought her various gifts.

"This is for you. I hope you like it."

Pygmalion really loved her and wanted to marry her.

He went to the temple of Aphrodite, the goddess of love.

He prayed and prayed.

"I wish to marry Galatea. Please make my wish come true."

Aphrodite granted Pygmalion's wish.

When he returned home, he kissed the ivory statue.

Suddenly, it turned into a real woman!

"Thank you, Aphrodite! I can't thank you

enough," said Pygmalion.

Pygmalion and Galatea married

and lived happily ever after.

▶ grant (소원을) 들어주다, 응하다

A 피그말리온의 직업은 무엇이었나요?

ⓐ 건축가

ⓑ 디자이너

ⓒ 조각가

B 피그말리온은 왜 갈라테아를 본인의 이상형으로 조각했나요?

ⓐ 완벽하게 아름다운 여인을 찾을 수가 없어서

ⓑ 아프로디테가 만들라고 명령해서

ⓒ 사랑하는 여자에게 선물을 주고 싶어서

C 글의 내용에 맞게 괄호 안에서 알맞은 단어를 고르세요.

1 Pygmalion wished to marry his (model / statue).

2 Aphrodite made Pygmalion's wish (come / go) true.

Learn More! 핵심 단어 확인하기 & 문장 들여다보기

MP3 059

 다음 단어를 읽고 공부한 단어에 체크해 보세요. ······················

☐ **sculptor** 조각가

☐ **carve** 조각하다

☐ **model** 모델

☐ **ideal** 이상적인

☐ **ivory** 상아

☐ **complete** 완성하다

☐ **sculpture** 조각품

☐ **temple** 신전

☐ **goddess** 여신

☐ **wish** 바라다; 소원

☐ **come true** 실현되다

☐ **statue** 조각상

문장 들여다보기 앞 이야기에 나왔던 중요한 문장을 자세히 익혀 보세요. ·····················

1 **Please make my wish come true.**

제발 제 소원이 이루어지게 해 주세요.

'make + 목적어 + 동사원형'은 '목적어가 ~하게 만들다, 목적어가 ~하게 하다'라는 뜻이에요. come true는 '(꿈이나 소망이) 이루어지다, 실현되다'라는 뜻이니까 My dream came true.라고 하면 '내 꿈이 이루어졌다'라는 뜻이 되죠. 그런데 위의 문장처럼 'make + 꿈/소망 + 동사원형(come true)' 형태로 쓰면 '꿈/소망이 이루어지게 만들다', '꿈/소망이 이루어지게 하다'라는 뜻이 됩니다.

You can make your dream come true. Work hard for it.

네가 네 꿈을 이루어지게 할 수 있어. 그것을 위해 열심히 노력하렴.

2 **I can't thank you enough.**

뭐라고 감사 드려야 할지 모르겠습니다.

Thank you.는 감사함을 표현할 때 쓰는 가장 기본적인 표현입니다. 감사함을 강조할 때는 Thank you very much.라고 할 수도 있지만, I can't thank you enough.라는 표현을 써도 좋아요. enough는 '충분히'라는 뜻인데, 이 표현은 '충분히 감사할 수 없다'라는 뜻이 아니라, 정말 고마워서 아무리 고마워해도 충분치 않다고 강조할 때 사용하죠.

I can't thank you enough for helping me.

도와주서서 뭐라고 감사 드려야 할지 모르겠습니다.

TRAINING ★ 섀도우 리딩 3단계 연습

MP3 060

STEP 1 들으면서 눈으로 읽기 ▶ STEP 2 한 문장씩 따라 읽기 ▶ STEP 3 들으면서 동시에 읽기

/ 끊어 읽기 ⌣ 이어 읽기 ＼ ╱ 억양

Pygmalion was a sculptor. He wanted to carve the most beautiful woman/ in the world,/ but he couldn't find the perfect model. He carved his ideal woman/ out of ivory. When he completed the sculpture,/ he named it Galatea.

"She is perfect," said Pygmalion.

He fell in love with her. He talked to the sculpture Galatea/ every day.[1]

"Good morning. You look beautiful today."

He also brought her various gifts. "This is for you. I hope you like it."

Pygmalion really loved her/ and wanted to marry her. He went to the temple of Aphrodite,/ the goddess of love.[2] He prayed/ and prayed.

"I wish to marry Galatea. Please make my wish come true."

Aphrodite granted Pygmalion's wish. When he returned home,/ he kissed the ivory statue. Suddenly,/ it turned into a real woman!

"Thank you,/ Aphrodite! I can't thank you enough," said Pygmalion.

Pygmalion and Galatea/ married/ and lived happily ever after.

발음 팁

[1] talked to talk처럼 k로 끝나는 단어 뒤에 -ed가 붙으면 [t]로 소리 나므로 talked는 [톡트]처럼 발음해요. 이때 끝소리 [t]와 뒤에 나오는 to의 첫소리가 겹치므로 한 번만 발음해서 [톡-투]처럼 발음합니다. [톡-]을 조금 길게 빼 주는 느낌으로 발음하세요.

[2] Aphrodite 그리스 신화의 등장인물 이름은 영어 발음이 우리말과는 꽤 다르므로 주의하세요. Aphrodite는 [아프로디테] 가 아니라 [애프러다이티]라고 발음해요. 참고로 Pygmalion은 [피그메일리언], Galatea는 [갤러티어]라고 발음하죠.

Three Little Pigs

아기 돼지 삼형제

다음 이야기를 읽고 문제를 풀어 보세요.

▶해석·정답 p.183

Once upon a time, there were three little piggy brothers.

"It's time to leave home and live alone," said their mom.

"Let's build houses," said the three little piggy brothers.

The eldest brother built a house with hay.

The middle brother built a house with wood.

They finished building their houses quickly.

The youngest brother built a house with bricks.

He spent a long time building it.

Wolf saw them and thought, "They look delicious."

He went to the eldest piggy brother's house.

With one breath, the hay house broke.

The eldest brother ran to the middle brother's house.

Wolf blew down the wood house easily.

Both of them ran to the youngest piggy brother's house.

"Come in!" said the youngest piggy brother.

Wolf tried to blow down the brick house.

But the brick house stood strong.

"I'll go into the house through the chimney," said Wolf.

"Let's boil water in the fireplace!"

said the youngest piggy brother.

Finally, Wolf fell into the pot

of boiling water.

▶ piggy 돼지 (아이가 쓰는 말)
blow down ~을 불어서 넘어 뜨리다

A 돼지 형제들이 집을 지을 때 쓴 재료를 알맞게 연결하세요.

1 the eldest brother •   • ⓐ bricks

2 the middle brother •   • ⓑ hay

3 the youngest brother •   • ⓒ wood

B 집을 짓는 데 가장 시간이 오래 걸린 것은 누구였나요?

ⓐ 첫째 돼지   ⓑ 둘째 돼지   ⓒ 막내 돼지

C 다음 중 글의 내용과 맞는 것에는 O, 틀린 것에는 X에 표시하세요.

1 The wood house was not strong.

2 Wolf couldn't blow down the brick house.

핵심 단어 확인하기 다음 단어를 읽고 공부한 단어에 체크해 보세요. ································

☐ **eldest** 가장 나이가 많은   ☐ **brick** 🧱 벽돌   ☐ **through** ~을 통과하여

☐ **build** 짓다, 건설하다   ☐ **breath** 숨, 호흡   ☐ **chimney** 굴뚝

☐ **hay**  건초   ☐ **break** 부서지다; 부수다   ☐ **boil** 끓이다

☐ **middle** 중간의   ☐ **blow** (바람을) 불다   ☐ **fireplace** 벽난로

문장 들여다보기 앞 이야기에 나왔던 중요한 문장을 자세히 익혀 보세요. ················

1 It's time to **leave home and live alone.**

집을 떠나 혼자 살 시간이란다.

'It's time to + 동사원형'은 '~할 시간이다, ~할 때이다'라는 뜻이에요. 여기서 it은 '그것'이라는 뜻으로 쓰인 게 아니라 시간을 말할 때 쓰는 의미 없는 주어라서 따로 해석할 필요는 없어요. 영어에서는 명령문처럼 특수한 경우를 제외하고는 반드시 문장에 주어가 필요합니다. 주어 자리에 it을 쓰는 경우는 시간, 날씨, 색깔을 이야기할 때예요. 예를 들어 It's cold outside.(밖은 추워.)의 it도 의미 없이 주어 자리를 채우는 역할을 해요.

It's time to **go home.**

집에 갈 시간이야.

2 **They look delicious.**

맛있어 보이는군.

look은 '보다'라는 뜻도 있지만 'look + 형용사' 형태로 쓰면 '~하게 보이다'라는 의미가 됩니다. 그래서 look delicious는 '맛있어 보이다'라는 뜻이에요. 참고로 상대방의 옷차림 등 눈에 보이는 모습을 칭찬할 때도 'You look + 형용사' 형태를 많이 써요. You look good.(너 멋있어 보여.)처럼요.

Paul looks **great today.**

폴은 오늘 엄청 멋있어 보여요.

STEP 1 들으면서 눈으로 읽기 ▶ STEP 2 한 문장씩 따라 읽기 ▶ STEP 3 들으면서 동시에 읽기

/ 끊어 읽기 ‿ 이어 읽기 ↘ ↗ 억양

Once upon‿a time,/ there were three little piggy brothers.

"It's time to leave home/ and live alone,"[1] said their mom.

"Let's build houses," said the three little piggy brothers.

The eldest brother built‿a house with hay. The middle brother built‿a house with wood.[2] They finished/ building their houses quickly. The youngest brother built‿a house with bricks. He spent‿a long time/ building it.

Wolf saw them and thought, "They look delicious."

He went‿to the eldest piggy brother's house. With one breath,/ the hay house broke. The eldest brother ran/ to the middle brother's house. Wolf blew down the wood house easily. Both‿of them ran/ to the youngest piggy brother's house.

"Come in!" said the youngest piggy brother.

Wolf tried‿to blow down the brick house. But the brick house stood strong.

"I'll go into the house through the chimney," said Wolf.

"Let's boil water/ in the fireplace!" said the youngest piggy brother.

Finally,/ Wolf fell‿into the pot‿of boiling water.

발음 팁

1 leave home and live leave와 live는 똑같이 발음하지 말고 긴 모음과 짧은 모음 소리를 확실히 구분해서 발음해 주세요. leave는 [이] 발음을 조금 더 길게 늘려서 [리-브]로 발음하고, live는 [리브]로 짧게 발음해요.

2 wood [w]는 우리말의 [우]보다는 [우]와 [워]의 중간 발음에 가까워요. 그냥 [우드]라고 발음하지 않게 주의하세요.

 다음 이야기를 읽고 문제를 풀어 보세요.

▶ 해석·정답 p.183

The North Wind saw the Sun in the sky.

The North Wind wanted to show off his strength.

A man was walking over there.

He was wearing a coat.

The North Wind said, "I am stronger than you."

The Sun asked, "Do you really think so?"

"Of course," replied the North Wind.

"I can blow away his coat easily. Then, I win."

He started to blow his fierce, cold wind.

Suddenly, the weather got cold.

"Oh, it's cold," said the man.

He grabbed his coat tight.

The stronger the wind got, the tighter he grabbed his coat.

The North Wind got tired.

He said, "I can't do it anymore. I give up."

"Okay. It's my turn now," said the Sun.

The Sun smiled. The Sun showed her warm face.

The weather got hot. The Sun shined brightly.

The man sweated.

"It's very hot!" said the man.

He took off his coat.

The Sun won!

A 북풍은 자기가 해님보다 힘이 세다는 것을 무엇으로 보여 주려고 했나요?

ⓐ 바람을 불어서 해님을 날려 보내는 것으로

ⓑ 찬 바람으로 날씨를 춥게 바꾸는 것으로

ⓒ 남자가 입은 코트를 쉽게 날려 버리는 것으로

B 글의 내용에 맞게 괄호 안에서 알맞은 단어를 고르세요.

1 The man (took / showed) off his coat because it was hot.

2 Finally, the North Wind (blew away / gave up).

C 이 글을 읽고 얻을 수 있는 교훈으로 가장 알맞은 것을 고르세요.

ⓐ 이기려면 강한 힘이 필요하다.

ⓑ 부드러움이 강함을 이길 수 있다.

ⓒ 말다툼을 해 봤자 소용없다.

핵심 단어 확인하기 다음 단어를 읽고 공부한 단어에 체크해 보세요. ·····························

- [ ] **north** 북쪽; 북쪽의
- [ ] **blow away** (바람이) 날려 보내다
- [ ] **give up** 포기하다
- [ ] **show off** 자랑하다
- [ ] **fierce** 사나운, 거센
- [ ] **turn** 차례, 순서
- [ ] **strength** 힘
- [ ] **grab** 움켜잡다, 붙잡다
- [ ] **sweat** 땀을 흘리다
- [ ] **reply** 대답하다
- [ ] **tight** 꽉, 단단히
- [ ] **take off** (옷을) 벗다

문장 들여다보기 앞 이야기에 나왔던 중요한 문장을 자세히 익혀 보세요. ·····························

1 Do you really think so?

정말로 그렇게 생각해?

so는 앞에 나왔던 문장의 일부를 대신 나타내는 말로 '그렇게'라는 뜻이에요. 위의 문장은 Do you really think you are stronger than me?(정말로 네가 나보다 더 강하다고 생각해?)라고 길게 말하는 대신 so를 써서 문장을 간단하고 짧게 만든 거예요.

A: **Minhee is very friendly.**
민희는 아주 친절해.

B: **I think so.**
나도 그렇게 생각해.

2 The stronger the wind got, the tighter he grabbed his coat.

바람이 더 강해질수록, 그는 코트를 더 꽉 움켜 잡았어요.

'The + 비교급 + 주어 + 동사, the + 비교급 + 주어 + 동사'는 '더 ~할수록, 더욱 …하다'라는 뜻이에요. 비교급은 '더 ~한'이라는 의미를 나타내는데, 주로 형용사 끝에 -er을 붙여서 만들어요. strong(강한)의 비교급은 stronger(더 강한), tight(꽉)의 비교급은 tighter(더 꽉)입니다.

The older I grow, the smarter I get.
나이가 더 들수록, 나는 더 똑똑해져요.

98

STEP 1 들으면서 눈으로 읽기 ▶ STEP 2 한 문장씩 따라 읽기 ▶ STEP 3 들으면서 동시에 읽기

/ 끊어 읽기 ⌣ 이어 읽기 ＼／ 억양

The North Wind saw the Sun/ in the sky. The North Wind wanted to show off his strength.

A man was walking over there.❶ He was wearing a coat.

The North Wind said, "I am stronger than you."

The Sun asked, "Do you really think so?↗"

"Of course,＼" replied the North Wind. "I can blow away his coat easily. Then,/ I win."

He started to blow his fierce,/ cold wind. Suddenly,/ the weather got cold.

"Oh,/ it's cold," said the man. He grabbed his coat tight.

The stronger the wind got,/ the tighter he grabbed his coat.

The North Wind got tired. He said, "I can't do it anymore.❷ I give up."

"Okay. It's my turn now," said the Sun.

The Sun smiled. The Sun showed her warm face. The weather got hot.

The Sun shined brightly. The man sweated.

"It's very hot!" said the man.

He took off his coat. The Sun won!

발음 팁

❶ **walking** walk에서 l은 소리가 나지 않는 묵음이에요. 그래서 [월크]라고 하지 않고 [워크]로 발음하죠. 뒤에 -ing를 붙인 walking은 [워킹]이라고 발음하면 됩니다.

❷ **can't do** can't는 [ㅐ]를 길게 빼고 [t]는 그 소리가 있다는 정도의 느낌만 살려서 [캐앤트]처럼 발음합니다. 그런데 can't do 는 can't의 끝소리 [t]와 바로 뒤에 오는 [d] 소리의 혀의 위치가 같으므로 [캐앤두잇]처럼 [t] 소리는 거의 발음하지 않아요.

99

다음 이야기를 읽고 문제를 풀어 보세요.

▶ 해석·정답 p.184

Lion was sleeping.

Little Mouse came up to him unexpectedly.

Mouse realized it was Lion and tried to run away.

But by mistake, he ran across Lion's face.

Lion opened one eye and laid his paw on Mouse.

"Please forgive me! Please let me go! I will repay you one day," begged Mouse.

Lion laughed at him.

"How can a little mouse like you help me? I am the king of the jungle. Go away."

He let Mouse go.

One day, Lion got caught in the net while he was hunting.

He got very angry because he couldn't free himself.

He roared. Mouse heard his voice and came to help.

Lion was struggling in the net.

"Hold still. Let me help you," Mouse said.

He chewed the net, and soon Lion was free.

"Thank you," said Lion.

Mouse said, "You laughed before, but even a little mouse can help the king of the jungle."

▶ unexpectedly 예상치 못하게   run across ~을 가로질러 달려가다

A 사자는 쥐가 은혜를 갚겠다고 했을 때 왜 비웃었나요?

ⓐ 쥐에게 도움을 받을 일이 없다고 생각해서

ⓑ 쥐가 약속을 지키지 않는 성격이라고 생각해서

ⓒ 혼자서도 그물을 빠져나올 수 있다고 생각해서

B 이 글을 읽고 얻을 수 있는 교훈으로 가장 알맞은 것을 고르세요.

ⓐ 자기 일은 스스로 해야 한다.

ⓑ 동물을 보호해야 한다.

ⓒ 항상 겸손해야 한다.

C 다음 문장을 이야기의 진행에 맞게 순서대로 나열하세요.

ⓐ Lion got caught in a net.

ⓑ Lion let Mouse go.

ⓒ Mouse chewed the net for Lion.

ⓓ Mouse went up to Lion.

---------------- ⇨ ---------------- ⇨ ---------------- ⇨ ----------------

Learn More! 핵심 단어 확인하기 & 문장 들여다보기

MP3 068

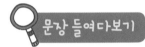 핵심 단어 확인하기 다음 단어를 읽고 공부한 단어에 체크해 보세요. ·····················

☐ realize 깨닫다

☐ by mistake 실수로

☐ paw 🐾 (맹수의) 발

☐ forgive 용서하다

☐ repay 갚다, 보답하다

☐ beg 애원하다, 구걸하다

☐ jungle 밀림, 정글

☐ get caught 잡히다

☐ free 자유롭게 하다; 자유로운

☐ struggle 몸부림치다

☐ hold 유지하다

☐ chew 물어 뜯다

🔍 문장 들여다보기 앞 이야기에 나왔던 중요한 문장을 자세히 익혀 보세요. ·····················

1 Please let me go!

제발 절 가게 해 주세요!

let은 '~하게 허락하다, ~하게 해 주다'라는 뜻의 동사로, 현재형과 과거형이 같아요. 'let + 목적어 + 동사원형'의 형태로 쓰면 '(목적어)가 ~하게 허락하다, (목적어)를 ~하게 해 주다'라는 뜻이 됩니다. 그래서 'let me + 동사원형'의 형태로 쓰면 '저를 ~하게 해 주세요'란 뜻이 되지요. 참고로 Let me help you.는 그대로 해석하면 '제가 도와드리게 해 주세요'가 되는데, 허락을 구한다기보다는 '제가 도와드릴게요' 하고 도움을 제안하는 상황에서 더 많이 쓰는 표현이에요.

Let me go to the concert.

절 그 콘서트에 가게 해 주세요.

2 Lion got caught in the net while he was hunting.

사냥을 하고 있을 때 사자는 그물에 잡혔습니다.

while은 '~하고 있을 때'라는 뜻으로, 뒤에는 항상 '주어 + 동사'가 옵니다. 어떤 일이 일어나고 있는 동안 벌어진 일을 말할 때 쓰는 단어라 while 뒤에는 보통 진행 시제가 와요. 과거진행 시제는 'was/were + 동사ing' 형태로 쓰는데, 과거 어떤 순간에 일어나고 있었던 일을 조금 더 생생하게 표현할 수 있죠.

I bumped into Ella while I was going to my math lesson.

수학 학원에 가고 있을 때 나는 엘라와 마주쳤어요.

/ 끊어 읽기 ⌣ 이어 읽기 ＼／ 억양

Lion was sleeping. Little Mouse came up to him unexpectedly. Mouse realized it was Lion/ and tried to run away. But by mistake,/ he ran across Lion's face. Lion opened one eye/ and laid his paw on Mouse.

"Please/ forgive me! Please/ let me go! I will repay you one day," begged Mouse. Lion laughed at him.

"How can a little mouse like you/ help me? ↗ I am the king of the jungle. Go away.❶"

He let Mouse go.

One day,/ Lion got caught in the net/ while he was hunting. He got very angry/ because he couldn't free himself. He roared. Mouse heard his voice/ and came to help. Lion was struggling in the net.

"Hold still.❷ Let me help you," Mouse said.

He chewed the net,/ and soon/ Lion was free.

"Thank you," said Lion.

Mouse said, "You laughed before,/ but even a little mouse/ can help the king of the jungle."

발음 팁

❶ go away go는 [고]보다는 [고우]에 가까운 발음이에요. go away처럼 모음과 모음이 만나면 중간에 [w] 소리를 내듯 부드럽게 이어서 발음해요. 그래서 go away는 [고우 어웨이]보다는 [고워웨이]에 가깝게 발음합니다.

❷ still [s] 뒤에 [t]가 오면 [ㅌ]가 아닌 된소리 [ㄸ]로 소리 내요. 그래서 [스틸]보다는 [스띨]이라고 발음하는 것이 더 알맞습니다.

MP3 070

다음 이야기를 읽고 문제를 풀어 보세요.　　　　　　　　　▶ 해석·정답 p.184

Once upon a time, there was a king in a rich kingdom.

He was very interested in fashion and always wanted to wear new clothes.

"I wore those yesterday. Don't I have anything else? Bring me new clothes."

His tailors were always busy making new garments.

One day, two strangers showed up.

They said, "Your Majesty, we can make you the most special clothes. Only wise people deserve to wear them.

Dumb people can't even see them."

"That sounds great!"

The king ordered them to make the clothes.

The two men seemed to work day and night.

The king's men went to check on them, but they saw nothing.

One of them said, "Look. We are almost done. Can't you see them?"

Each of the king's men thought, "I can't be dumb."

They pretended that they saw the clothes.

"Wow, they look great!"

They lied to the king.

"Your Majesty, they are making the most magnificent clothes."

▶ Your Majesty 폐하 (왕을 부를 때 쓰는 말)

A 다음 중 밑줄 친 garments와 의미가 같은 단어를 고르세요.

ⓐ fashion　　　　　　ⓑ strangers　　　　　　ⓒ clothes

B 왜 왕의 신하들은 옷이 보이는 척했나요?

ⓐ 바빠지기 싫어서

ⓑ 왕에게 혼나기 싫어서

ⓒ 바보처럼 보이기 싫어서

C 글의 내용에 맞게 괄호 안에서 알맞은 단어를 고르세요.

1　The king always wanted to wear (new / wise) clothes.

2　The king's men (pretended / lied) to the king.

MP3 071

핵심 단어 확인하기 다음 단어를 읽고 공부한 단어에 체크해 보세요.

☐ kingdom 왕국

☐ garment 의류, 옷

☐ dumb 멍청한

☐ interested in ~에 관심 있는

☐ show up 나타나다

☐ sound (들어 보니) ~인 것 같다

☐ fashion 패션

☐ special 특별한

☐ seem to ~하는 것 같다

☐ tailor  재단사

☐ deserve to ~할 자격이 있다

☐ magnificent 매우 아름다운

문장 들여다보기 앞 이야기에 나왔던 중요한 문장을 자세히 익혀 보세요.

1 His tailors were always busy making new garments.

그의 재단사들은 새 옷을 만드느라 항상 바빴어요.

busy는 '바쁜'이라는 뜻의 형용사예요. '~하느라 바쁜'이라고 할 때는 busy 뒤에 '동사 + ing' 형태인 동명사를 쓰죠. 참고로 '~으로 바쁜'이라고 할 때는 'busy with + 명사' 형태로 씁니다.

Jungkook is busy doing his homework.

정국이는 숙제를 하느라 바빠요.

2 Only wise people deserve to wear them.

현명한 사람들만이 그것을 입을 자격이 있지요.

deserve는 '자격이 있다, 받을 만하다'라는 뜻의 동사예요. 뒤에 'to + 동사원형'을 연결하면 어떤 행동을 할 만한 자격이 있다고 내용을 추가할 수 있어요.

Yuna deserves to win the final. She worked very hard.

연아는 결승에서 우승할 자격이 있어요. 그녀는 매우 열심히 했어요.

MP3 072

| STEP 1 들으면서 눈으로 읽기 ▶ STEP 2 한 문장씩 따라 읽기 ▶ STEP 3 들으면서 동시에 읽기 |

/ 끊어 읽기 ⌣ 이어 읽기 ↘ ↗ 억양

Once upon a time,/ there was a king/ in a rich kingdom. He was very interested in fashion/ and always wanted to wear new clothes.**[1]**

"I wore those yesterday. Don't I have anything else? ↗ Bring me new clothes."

His tailors were always busy making new garments.

One day,/ two strangers showed up.

They said, "Your Majesty,/ we can make you the most special clothes. Only wise people deserve to wear them. Dumb people can't even see them."

"That sounds great!"

The king ordered them/ to make the clothes.

The two men seemed to work/ day and night. The king's men went to check on them,/ but they saw nothing. One of them said, "Look. We are almost done. Can't you see them? ↗ "**[2]**

Each of the king's men thought, "I can't be dumb."

They pretended that they saw the clothes. "Wow,/ they look great!"

They lied to the king.

"Your Majesty,/ they are making the most magnificent clothes."

발음 팁

[1] interested 미국 사람들은 [n] 뒤에 [t]가 오면 [t] 소리를 매우 약화해서 발음하는 경향이 있어요. 그래서 interested는 [인터레스티드] 대신 [이너레스티드]처럼 발음하기도 합니다.

[2] Can't you [캔트 유]라고 각 단어를 끊어 읽지 말고 [캔츄]라고 부드럽게 이어서 발음해 보세요.

 다음 이야기를 읽고 문제를 풀어 보세요.

▶ 해석·정답 p.185

Finally, the two men went to the king.

They said, "Your Majesty, everything is ready."

The king didn't see any clothes. He was embarrassed.

"Can everyone else see something? I can't be the dumb one," he thought.

The king also pretended that he could see the clothes.

"Fantastic!" said the king.

He gave the two men a lot of money, and they left town.

"Your Majesty, you look amazing," said everyone around the king.

They also pretended that the king was wearing something.

One of them said, "It's time to go out to town for a parade. Your people will be very impressed with your new clothes."

At the parade, all the people on the street were shocked.

They whispered to each other, "I don't see any clothes."

But they didn't dare say anything.

Suddenly, a kid in the crowd shouted, "Look at the king!

He is not wearing any clothes!"

Everyone started to laugh.

The king rushed back to the palace.

A 왕은 옷이 보이지 않자 무슨 생각을 했나요?

ⓐ Fantastic!

ⓑ I can't be the dumb one.

ⓒ It looks amazing.

B 왕이 옷을 입지 않았다고 말한 사람은 누구인가요?

ⓐ 군중 속의 아이

ⓑ 왕의 신하들

ⓒ 거리의 사람들

C 이 글을 읽고 얻을 수 있는 교훈으로 가장 알맞은 것을 고르세요.

ⓐ 아이들의 말을 신뢰해야 한다.

ⓑ 솔직하게 말하는 것이 중요하다.

ⓒ 옷에 돈을 많이 쓰면 안 된다.

Learn More! 핵심 단어 확인하기 & 문장 들여다보기

 다음 단어를 읽고 공부한 단어에 체크해 보세요. ·············

- [ ] **ready** 준비가 된
- [ ] **embarrassed** 당황한
- [ ] **everyone else** 다른 사람 모두
- [ ] **amazing** 놀라운, 대단한

- [ ] **around** ~주위의
- [ ] **parade** 거리 행진, 퍼레이드
- [ ] **impressed** 인상 깊은, 감명받은
- [ ] **shocked** 충격 받은

- [ ] **each other** 서로
- [ ] **dare** 감히 ~하다
- [ ] **crowd** 군중, 인파
- [ ] **rush** 급히 달려가다

🔍 **문장 들여다보기** 앞 이야기에 나왔던 중요한 문장을 자세히 익혀 보세요. ············

1 He gave the two men a lot of money, and they left town.

그는 두 남자에게 많은 돈을 주었고 그들은 마을을 떠났습니다.

'give + 사람 + 사물'은 '(사람)에게 (사물)을 주다'라는 뜻이에요. give 바로 뒤에 사람을 나타내는 명사나 대명사를 쓸 수 있어요. 이때 '~에게'에 해당하는 사람을 간접 목적어, '~을'에 해당하는 사물을 직접 목적어라고 합니다. 위의 문장에서는 the two men(두 남자에게)가 간접 목적어, a lot of money(많은 돈을)이 직접 목적어예요.

Junho gave Yoona chocolate on Valentine's Day.

밸런타인 데이에 준호는 유나에게 초콜릿을 줬어요.

2 But they didn't dare say anything.

하지만 그들은 감히 어떤 말도 하지 못했어요.

'dare + 동사원형'은 '감히 ~하다'라는 뜻의 표현이에요. '감히 ~하지 못하다/못했다'라고 부정문으로 쓸 때는 dare 앞에 동사를 부정하는 don't나 didn't를 쓰면 됩니다.

The characters didn't dare open the door in the horror movie.

그 공포 영화에서 등장인물들은 감히 문도 열지 못했어요.

MP3 075

/ 끊어 읽기 ⌣ 이어 읽기 ＼ ／ 억양

Finally,/ the two men went to the king.

They said, "Your Majesty,/ everything is ready."

The king didn't see any clothes. He was embarrassed.

"Can everyone else see something? ↗ I can't be the dumb one," he thought.

The king also pretended that he could see the clothes. "Fantastic!" said the king. He gave the two men a lot of money,/ and they left town.**1**

"Your Majesty,/ you look amazing," said everyone around the king.

They also pretended that the king was wearing something.

One of them said, "It's time to go out to town for a parade.**2** Your people will be very impressed/ with your new clothes."

At the parade,/ all the people on the street were shocked.

They whispered to each other, "I don't see any clothes."

But they didn't dare say anything. Suddenly,/ a kid in the crowd shouted,

"Look at the king! He is not wearing any clothes!"

Everyone started to laugh. The king rushed back/ to the palace.

발음 팁

1 left town left의 끝소리와 town의 시작 소리가 [t]로 같기 때문에 한 번만 발음해요. 따라서 [레프트 타운]이 아닌 [레프-타운]으로 발음해 주세요. [프-]를 조금 더 길게 발음하는 느낌으로 말해 주면 됩니다.

2 parade 두 번째 a에 강세가 있으므로 [레]에 강세를 주고 더 길게 발음해서 [퍼레-이드]로 발음합니다.

Icarus's Wings

이카루스의 날개

 다음 이야기를 읽고 문제를 풀어 보세요.　　▶해석·정답 p.185

Daedalus was an architect who designed the prison.

One day, King Minos's enemy escaped from the prison.

King Minos was very angry.

He put Daedalus and his son Icarus in the same prison.

It overlooked the ocean.

One day, Daedalus saw some feathers on the floor.

"That's it! We can make wings with these feathers, and we can escape," said Daedalus.

He glued the feathers together with beeswax.

He made big wings.

Before they left, he warned Icarus, "Fly only between the sea and the sun."

Icarus asked, "Father, why can't I fly higher?"

"If you fly too close to the sun, the sun's heat will melt the beeswax, and you will fall," said Daedalus.

They jumped and started to fly.

Once Icarus flew, he got confident.

"I want to fly to the sun.

I will go up higher," said Icarus.

The higher he flew up, the more

the beeswax melted.

Finally, he fell into the ocean.

▶ That's it! 바로 그거야! (어떤 아이디어가 딱 떠오르거나 답이 생각났을 때 쓰는 표현) beeswax 밀랍

A [보기]에서 알맞은 단어를 골라 빈칸에 쓰세요.

보기　　　　confident　architect　glue

1　Icarus's father was an ＿＿＿＿＿＿.

2　Beeswax worked like ＿＿＿＿＿＿.

3　Icarus became ＿＿＿＿＿＿ once he flew.

B 이카루스에게 아버지가 한 경고는 무엇이었나요?

ⓐ 태양을 향해 날아라.

ⓑ 바다와 태양 사이로만 날아라.

ⓒ 하늘 높이 올라가라.

C 다음 중 글의 내용과 맞는 것에는 O, 틀린 것에는 X에 표시하세요.

1　King Minos designed the prison.　　　　

2　The sun's heat melted the beeswax.

Learn More! 핵심 단어 확인하기 & 문장 들여다보기

MP3 077

 **핵심 단어 확인하기** 다음 단어를 읽고 공부한 단어에 체크해 보세요. ⋯⋯⋯⋯⋯

☐ architect 건축가   ☐ overlook 내려다보다   ☐ close 가까이; 가까운

☐ prison 감옥   ☐ ocean 바다   ☐ melt 녹이다

☐ enemy 적   ☐ glue 풀로 붙이다; 풀   ☐ once ~하자마자

☐ escape 탈출하다   ☐ warn 경고하다   ☐ confident 자신감 있는

🔍 **문장 들여다보기** 앞 이야기에 나왔던 중요한 문장을 자세히 익혀 보세요. ⋯⋯⋯⋯⋯

1 Daedalus was an architect who designed the prison.

다이달로스는 감옥을 설계한 건축가였어요.

위 문장에서 who는 사람 명사인 architect(건축가)와 꾸며 주는 말인 designed the prison(감옥을 설계한)을 서로 연결해 주는 관계대명사예요. '~한 사람'이라고 할 때 우리말은 '~한'이 사람 앞에 오지만 영어에서는 순서가 달라요. 사람 명사가 앞에 오고 who 이하가 뒤에서 꾸며 주는 '사람 명사 + who + 동사'의 형태로 씁니다.

Mrs. Curie was a scientist who won the Nobel Prize.

퀴리 부인은 노벨상을 탄 과학자였다.

2 Father, why can't I fly higher?

아버지, 왜 제가 더 높이 날면 안 되나요?

조동사 can은 '~할 수 있다'라는 능력이나 가능성을 나타내기도 하고, 문맥에 따라 '~해도 된다'라는 허가나 허락의 뜻을 나타내기도 합니다. Can I ~?로 물어보면 '제가 ~해도 되나요?'라는 뜻의 긍정의문문, Can't I ~?로 물어보면 '제가 ~하면 안 되나요?'라는 뜻의 부정의문문이 되죠. 이 앞에 의문사 why(왜)를 붙여서 Why can't I ~?로 물어보면 '왜 제가 ~할 수 없는데요?' 혹은 '왜 제가 ~하면 안 되나요?'라는 뜻이 됩니다. 나에게 무언가를 하지 말라고 하는 사람에게 이유를 물어볼 때 쓰는 표현이죠.

Why can't I go to the concert with Chanyoung?

왜 콘서트에 찬영이랑 같이 가면 안 되는데요?

114

STEP 1 들으면서 눈으로 읽기 ▶ **STEP 2** 한 문장씩 따라 읽기 ▶ **STEP 3** 들으면서 동시에 읽기

/ 끊어 읽기 ⌣ 이어 읽기 ↘↗ 억양

Daedalus was an architect/ who designed the prison.

One day,/ King Minos's enemy/ escaped from the prison. King Minos was very angry. He put Daedalus and his son Icarus/ in the same prison. It overlooked the ocean.

One day,/ Daedalus saw some feathers/ on the floor.

"That's it! We can make wings with these feathers,/ and we can escape," said Daedalus. He glued the feathers together/ with beeswax. He made big wings.

Before they left,/ he warned Icarus, "Fly only between the sea and the sun."

Icarus asked, "Father,/ why can't I fly higher? ↘"

"If you fly too close to the sun,/ the sun's heat will melt the beeswax,/ and you will fall," said Daedalus.

They jumped/ and started to fly. Once Icarus flew,/ he got confident.

"I want to fly to the sun. I will go up higher," said Icarus.

The higher he flew up,/ the more the beeswax melted. Finally,/ he fell into the ocean.

발음 팁

1 Daedalus 영어로는 [다이달로스]가 아니라 [대덜러스]에 가깝게 발음합니다.

2 escape escape에서 c는 [k]로 소리 나는데, [s] 소리 뒤에 [k]가 오면 [ㅋ]가 아닌 [ㄲ]처럼 된소리로 소리 납니다. 따라서 [이스케입]이 아니라 [이스께입]처럼 발음해요.

The Fox in the Vineyard 포도밭의 여우

 다음 이야기를 읽고 문제를 풀어 보세요.

▶해석·정답 p.186

A fox was passing by a vineyard.

He saw big delicious-looking grapes.

His mouth began to water.

But the vineyard was surrounded by a tall, thick fence.

He walked around it and found a small hole.

It was only large enough for a very skinny fox to fit in.

The fox thought, "Okay. I will stop eating, and then I can go through the hole."

He fasted for three days.

He managed to slip through the hole.

"I am so hungry."

He began to eat the grapes.

His stomach got bigger and bigger.

When he ate enough grapes, he was too big for the hole.

He got stuck in the middle.

"Hmm, did I eat too many grapes? What should I do?"

He came to the conclusion that he needed to fast again.

After three days of fasting, he was able to go through the hole.

He sighed, "I have been to the vineyard, but nothing has changed. I am still hungry."

▶ vineyard 포도밭 fast 단식하다 slip through ~을 빠져나가다

A 여우는 구멍을 통과하기 위해 어떻게 했나요?

ⓐ 울타리 주변을 걸었다.

ⓑ 다른 구멍을 찾았다.

ⓒ 음식을 먹지 않았다.

B 글의 내용에 맞게 괄호 안에서 알맞은 단어를 고르세요.

1 After seeing the grapes, the fox's mouth began to (fast / water).

2 The hole in the fence was only (big / thick) enough for a skinny fox.

C 마지막에 왜 여우는 바뀐 것이 하나도 없다고 말했을까요?

ⓐ 들어가기 전이나 후나 여전히 배가 고파서

ⓑ 들어가기 전이나 후나 여전히 구멍이 작아서

ⓒ 포도를 먹기 전이나 후나 여전히 배가 불러서

Learn More! 핵심 단어 확인하기 & 문장 들여다보기

MP3 080

핵심 단어 확인하기 다음 단어를 읽고 공부한 단어에 체크해 보세요. ·········

- [ ] **pass by** 지나가다
- [ ] **water** 🙂 침이 고이다
- [ ] **surround** 둘러싸다
- [ ] **fence** 울타리

- [ ] **skinny** 매우 마른
- [ ] **fit** (크기나 모양이) 맞다
- [ ] **go through** 통과하다
- [ ] **manage to** 가까스로 ~하다

- [ ] **stuck** (움직일 수 없게) 끼인
- [ ] **conclusion** 결론
- [ ] **sigh** 😮‍💨 한숨 쉬다
- [ ] **change** 바뀌다, 변하다

문장 들여다보기 앞 이야기에 나왔던 중요한 문장을 자세히 익혀 보세요. ·········

1 It was only large enough for a very skinny fox to fit in.

그것은 매우 마른 여우에게나 겨우 맞을 만큼만 (충분히) 컸어요.

enough는 형용사로는 '충분한', 부사로는 '충분히'라는 뜻의 단어예요. enough time(충분한 시간)처럼 명사를 앞에서 꾸며 줄 수도 있고, large enough(충분히 큰)처럼 형용사를 뒤에서 꾸며 줄 수도 있습니다. '형용사 + enough + for + 목적어 + to + 동사원형' 형태로 쓰면 '(목적어)가 ~할 만큼 충분히 …한'이라는 뜻이 돼요.

The song is easy enough for everyone to sing along to.
그 노래는 모든 사람이 따라 부를 수 있을 만큼 충분히 쉬워요.

2 I have been to the vineyard, but nothing has changed.

포도밭에 다녀왔는데 아무것도 바뀐 게 없구나.

과거부터 현재까지 '~해 본 적 있다'라는 경험, 혹은 '~해 왔다'라는 계속의 느낌을 표현할 때 현재완료 시제를 써요. 현재완료는 'have/has + 동사의 과거분사형'의 형태입니다. 'have been to + 장소 명사'는 '~에 다녀왔다, ~에 가 본 적 있다'라는 뜻으로, 어딘가에 갔다 온 경험을 나타낼 때 많이 써요. 위의 문장 뒤쪽에 나온 has changed 역시 현재완료 시제로, '과거부터 지금까지' 계속해서 바뀐 게 없다는 느낌을 강조해 줘요.

Nothing has changed in this neighborhood.
(옛날부터 지금까지) 이 동네는 바뀐 것이 하나도 없어요.

STEP 1 들으면서 눈으로 읽기 ▶ **STEP 2** 한 문장씩 따라 읽기 ▶ **STEP 3** 들으면서 동시에 읽기

/ 끊어 읽기 ⌣ 이어 읽기 ＼ ╱ 억양

A fox was passing by a vineyard. He saw big/ delicious-looking grapes. His mouth began to water. But the vineyard was surrounded/ by a tall,/ thick fence. He walked around it/ and found a small hole. It was only large enough/ for a very skinny fox/ to fit in.

The fox thought, "Okay. I will stop eating,/ and then I can go through the hole."

He fasted for three days. He managed to slip through the hole.**[1]**

"I am so hungry."

He began to eat the grapes. His stomach got bigger/ and bigger. When he ate enough grapes,/ he was too big/ for the hole. He got stuck in the middle.**[2]**

"Hmm,/ did I eat too many grapes?╱ What should I do?╱"

He came to the conclusion/ that he needed to fast again. After three days of fasting,/ he was able to go through the hole.

He sighed, "I have been to the vineyard,/ but nothing has changed. I am still hungry."

발음 팁

[1] managed to managed의 끝소리 [d]와 to의 첫 소리 [t]는 소리 낼 때 혀의 위치가 같아요. 따라서 [매니쥐드 투] 대신 부드럽게 연결해 [매니쥐-투]로 발음합니다. [d] 소리는 살짝 있는 듯한 느낌만 살려 주세요.

[2] stuck in stuck의 t는 [ㅌ]보다는 [ㄸ]에 가깝게 소리 나므로 [스떡]으로 발음해요. stuck의 끝소리 [k]와 뒤에 오는 모음이 연음되어서 [스떡킨]처럼 소리 납니다.

Tiger and Rabbit

호랑이와 토끼

MP3 082

 다음 이야기를 읽고 문제를 풀어 보세요.

▶ 해석·정답 p.186

Rabbit bumped into Tiger one day.

"Great. I am hungry," Tiger said. "I'll eat you."

Rabbit said, "I will cook you more delicious food. Have you tried stone rice cake?"

"No, show me," Tiger demanded.

Rabbit got a stone and made a fire.

"Wait until it is baked. It tastes very good with honey. I will get some honey," Rabbit said and ran away.

Tiger was so hungry that he couldn't wait.

He grabbed the stone.

"Ahh! It's too hot!" he screamed. He got burned.

They met again near a pond in the winter.

"You deceived me the last time," said Tiger.

"What are you talking about? You left early," Rabbit answered.

Rabbit added, "Have you tried fish before? Put your tail in the water and wait. You can catch fish with your tail."

"Really? I'll do that," said Tiger.

He put his tail in the pond.

When he realized his tail was frozen, it was too late.

Tiger couldn't move, and Rabbit ran away again.

▶ bump into ~와 우연히 마주치다

A 토끼가 호랑이를 속이기 위해 먹어 본 적 있는지 물어본 음식을 영어로 <u>두 개</u> 쓰세요.

------------------------------------- , ---

B 글의 내용에 맞게 괄호 안에서 알맞은 단어를 고르세요.

1 Tiger put his tail in the pond to catch (honey / fish).

2 Tiger grabbed the hot stone and got (burned / fired).

C 이 글을 읽고 유추해 볼 수 있는 호랑이의 성격은 어떤가요?

ⓐ 귀가 얇다

ⓑ 조심성이 많다

ⓒ 느긋하고 게으르다

Learn More! 핵심 단어 확인하기 & 문장 들여다보기

MP3 083

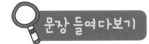 **핵심 단어 확인하기** 다음 단어를 읽고 공부한 단어에 체크해 보세요. ·····

- ☐ **rabbit** 토끼
- ☐ **try** 먹어 보다; 해 보다
- ☐ **stone** 돌
- ☐ **demand** 요구하다

- ☐ **bake** (음식을) 굽다
- ☐ **taste** ~의 맛이 나다
- ☐ **honey** 꿀
- ☐ **get burned** 화상을 입다

- ☐ **deceive** 속이다
- ☐ **tail** 꼬리
- ☐ **catch** 잡다
- ☐ **frozen** 언, 얼어붙은

문장 들여다보기 앞 이야기에 나왔던 중요한 문장을 자세히 익혀 보세요. ·····

1 Have you tried stone rice cake?

돌 떡을 먹어 본 적 있으세요?

과거부터 지금까지 '~해 본 적 있다'라는 경험을 나타낼 때 현재완료 시제를 씁니다. 현재완료 시제는 'have + 동사의 과거분사형' 형태로 나타내요. '당신은 ~해 본 적 있어요?'라고 의문문으로 바꿀 때는 have를 주어 앞으로 옮겨서 'Have you + 동사의 과거분사형?' 형태로 물어봅니다. 이때 Have you 뒤에 ever를 넣어서 '언젠가, 지금까지'란 의미를 강조해 주기도 해요.

Have you (ever) watched the movie *Pokémon*?

너 (지금까지) 포켓몬 영화 본 적 있어?

2 Wait until it is baked.

그게 구워질 때까지 기다리세요.

until은 '~까지, ~할 때까지'라는 뜻입니다. until Friday(금요일까지)처럼 뒤에 명사가 오기도 하고 위의 문장처럼 '주어 + 동사'로 된 문장이 오기도 해요. bake는 '굽다'라는 뜻인데, is baked라고 하면 '구워지다'라는 뜻이 되지요. 그래서 until it is baked는 '그게 구워질 때까지'라는 뜻이에요.

Please wait until I am done.

내가 끝낼 때까지 기다려 주세요.

STEP 1 들으면서 눈으로 읽기 ▶ STEP 2 한 문장씩 따라 읽기 ▶ STEP 3 들으면서 동시에 읽기

/ 끊어 읽기 ‿ 이어 읽기 ↘ ↗ 억양

Rabbit bumped into Tiger one day.

"Great. I am hungry," Tiger said. "I'll eat you." Rabbit said, "I will cook you more delicious food. Have you tried/ stone rice cake?↗"

"No,/ show me," Tiger demanded. Rabbit got‿a stone/ and made‿a fire.

"Wait until it‿is baked. It tastes very good/ with honey. I will get some honey," Rabbit said/ and ran‿away.

Tiger was so hungry/ that he couldn't wait. He grabbed the stone.❶

"Ahh! It's too hot!" he screamed. He got burned.

They met‿again near‿a pond/ in the winter.

"You deceived me the last time," said Tiger. "What‿are you talking about?↘ You left early," Rabbit answered. Rabbit added, "Have you tried fish before?↗ Put your tail‿in the water/ and wait.❷ You can catch fish with your tail."

"Really?↗ I'll do that," said Tiger.

He put his tail/ in the pond. When he realized his tail was frozen,/ it was too late. Tiger couldn't move,/ and Rabbit ran‿away again.

발음 팁

❶ **grabbed the** grabbed의 끝소리 [d]는 the와 만나 부드럽게 이어 발음돼요. [애]는 길게 발음하고 끝의 [d]는 느낌만 살려서 [그래-브더]라고 발음하세요.

❷ **Put your tail** put과 your는 연결되어서 [푸츄얼]처럼 발음됩니다. 한편 tail의 끝소리 [l]은 입을 조금 더 크게 벌리고 혀 끝을 윗니 뒤에 붙여서 [테일]보다는 [테열]에 가깝게 발음하세요.

 다음 이야기를 읽고 문제를 풀어 보세요.

▶해석·정답 p.187

Once upon a time, there was a farmer who was single.

One day, he was working in his field.

He sighed, "What is the use of working hard? I don't even have a wife."

Suddenly, a woman's voice was heard.

"You can live with me. I will help you with your work."

He looked around, but nobody was there except for a big pond snail.

He thought, "It's hot today. The pond snail could die."

He brought it home and put it in a jar.

Then, strange things started to happen.

When he came back home from working in the field, his house was clean, and there was food for him.

"Who did all this work for me?" He was curious.

He pretended to leave and hid behind the door.

The pond snail turned into a beautiful woman and came out of the jar. The farmer was very surprised.

He asked, "Who are you?"

"I am the daughter of the sea god. You rescued me and I wanted to return your favor,"

said the woman.

They fell in love and married soon after.

▶ pond snail 우렁이   sea god 바다의 신, 용왕

A 농부는 왜 우렁이를 집으로 데려왔나요?

ⓐ 집에서 반려 동물로 키우려고

ⓑ 날씨가 더워서 그냥 두면 죽을까 봐

ⓒ 밭일을 하는 동안 집안일을 부탁하려고

B 위 이야기에 등장한 여인이 하지 <u>않은</u> 일을 고르세요.

ⓐ 음식을 준비했다.

ⓑ 집을 청소했다.

ⓒ 장작을 구해 왔다.

C 글의 내용에 맞게 괄호 안에서 알맞은 단어를 고르세요.

1 The farmer (rescued / hid) the pond snail.

2 The farmer put the pond snail in a (box / jar).

Learn More! 핵심 단어 확인하기 & 문장 들여다보기

MP3 086

 핵심 단어 확인하기 다음 단어를 읽고 공부한 단어에 체크해 보세요. ·······························

- [ ] **single** 결혼 안 한, 미혼의
- [ ] **use** 소용, 이용
- [ ] **look around** 둘러보다
- [ ] **snail** 🐌 달팽이

- [ ] **jar** 🏺 항아리, 단지
- [ ] **strange** 이상한
- [ ] **happen** 일어나다
- [ ] **clean** 깨끗한

- [ ] **daughter** 딸
- [ ] **rescue** 구조하다
- [ ] **return** (호의 등을) 되돌려 주다
- [ ] **favor** 호의

문장 들여다보기 앞 이야기에 나왔던 중요한 문장을 자세히 익혀 보세요. ·······························

1 What is the use of working hard?

열심히 일해 봤자 무슨 소용이 있지?

use는 동사로는 '사용하다, 이용하다'란 뜻이지만 명사로는 '소용, 이용'이라는 뜻이에요. 'What is the use of + 동사ing?'는 그대로 해석하면 '~하는 소용이 무엇인가?'이지만, 실제 속뜻은 '~하는 게 무슨 소용이 있지?'라는 의미입니다. 전치사 of 뒤에는 동사의 ing형이 나오므로 주의하세요.

What is the use of cleaning the room? It will get dirty again.
방 청소하는 게 무슨 소용이 있지? 다시 더러워질 텐데.

2 Suddenly, a woman's voice was heard.

갑자기 한 여자의 목소리가 들렸습니다.

위와 같은 문장을 '수동태'라고 합니다. 위의 문장은 Suddenly, the farmer heard a woman's voice.(갑자기 농부는 한 여자의 목소리를 들었습니다.)라는 능동태 문장에서 a woman's voice를 주어로 내세워 수동태로 쓴 거예요. '농부가' 목소리를 들었다는 사실이 중요한 게 아니라 '여자의 목소리가' 들렸다는 게 더 핵심이기 때문에 수동태를 썼어요. 이처럼 어떤 행동, 행위의 주체를 굳이 말할 필요가 없거나 중요하지 않을 때 영어에서는 수동태로 표현합니다. 수동태는 '주어 + be동사 + 동사의 과거분사형 + (by + 행위자)' 형태로 쓰는데, 'by + 행위자'는 생략하는 경우가 많아요.

Suddenly, a loud noise was heard.
갑자기 커다란 소음이 들렸어요.

STEP 1 들으면서 눈으로 읽기 ▶ STEP 2 한 문장씩 따라 읽기 ▶ STEP 3 들으면서 동시에 읽기

／ 끊어 읽기 ⌣ 이어 읽기 ＼／ 억양

Once upon a time,/ there was a farmer/ who was single.

One day,/ he was working in his field.

He sighed, "What is the use of working hard?＼[1] I don't even have a wife."

Suddenly,/ a woman's voice was heard. "You can live with me. I will help you with your work."

He looked around,/ but nobody was there/ except for a big/ pond snail.

He thought, "It's hot today. The pond snail could die."

He brought it home/ and put it in a jar. Then,/ strange things started to happen. When he came back home/ from working in the field,/ his house was clean,/ and there was food for him.

"Who did all this work for me?＼" He was curious.

He pretended to leave/ and hid behind the door. The pond snail turned into a beautiful woman/ and came out of the jar.[2] The farmer was very surprised.

He asked, "Who are you?＼"

"I am the daughter of the sea god. You rescued me/ and I wanted to return your favor," said the woman. They fell in love/ and married soon after.

발음 팁

[1] **use of** use는 동사로는 [유즈], 명사로는 [유스]로 발음합니다. 여기서는 명사니까 [유스]로 발음해야 하죠. use of는 연음되어 [유스 어브]보다는 [유-서브]처럼 소리 냅니다.

[2] **came out of** came out은 [케임 아웃]이 아니라 [케이마웃]처럼 연음해서 발음해요. out of도 연음되는데, [t] 소리는 약화되므로 [아우러브]처럼 발음합니다. 그래서 이어서 [케이마웃러브]처럼 발음하죠.

The Pond Snail Wife

② 우렁이 각시 ②

MP3 088

 다음 이야기를 읽고 문제를 풀어 보세요. ▶해석·정답 p.187

A few days later, a new sheriff came to town.

He heard about the farmer's beautiful wife.

He wanted to marry her.

The sheriff challenged the farmer.

"If I win three challenges, I will marry your wife."

The first challenge was planting trees faster.

"Don't worry. My father will help you," the wife said.

She called her father, the sea god, for help.

Her father sent his people and finished the job first.

The second challenge was horse racing.

The sheriff showed up with a strong horse.

The sea god sent the farmer a stronger and faster horse.

The sheriff lost again.

The third challenge was boat racing.

Of course, the sea god helped the farmer's boat go faster.

He sent a storm to the sheriff's boat.

It was the farmer's victory.

The sheriff thought, "The farmer must have mysterious

powers."

He admitted his loss.

"You won. I give up."

The farmer and his wife lived

happily ever after.

▶ sheriff 사또 call ~ for help ~에게 도움을 요청하다

A 새로 온 사또는 왜 농부에게 세 개의 도전을 제안했나요?

ⓐ 나무를 더 많이 심으려고

ⓑ 농부의 아내와 결혼하려고

ⓒ 농부의 힘을 시험하려고

B 농부가 도전에서 모두 이긴 것은 무엇 덕분이었나요?

ⓐ a strong horse

ⓑ his mysterious powers

ⓒ the sea god

C 다음 중 글의 내용과 맞는 것에는 O, 틀린 것에는 X에 표시하세요.

1 The sea god sent a storm to the sheriff's boat.

2 Finally, the farmer admitted his loss.

핵심 단어 확인하기 다음 단어를 읽고 공부한 단어에 체크해 보세요. ....

☐ **hear about** ~에 대해서 듣다

☐ **challenge** 도전하다; 도전

☐ **plant**  (식물을) 심다

☐ **send** 보내다

☐ **job** (처리해야 할) 일

☐ **racing** 경마, 경주

☐ **lose** 지다, 패배하다

☐ **storm** 폭풍

☐ **victory** 승리

☐ **mysterious** 신비한

☐ **admit** 인정하다

☐ **loss** 패배

문장 들여다보기 앞 이야기에 나왔던 중요한 문장을 자세히 익혀 보세요. ....

1 The first challenge was planting trees faster.

첫 번째 시합은 더 빨리 나무 심기였어요.

위 문장에서 was planting은 과거 진행형이 아니어서 '심고 있었다'라고 해석하면 안 됩니다. 'the first challenge = planting trees faster'의 관계로 봐서 planting은 '심기'로 해석해야 하죠. '~하다'를 뜻하는 동사 끝에 -ing를 붙이면 '~하기, ~하는 것'이라는 뜻이 되는데, 이걸 '동명사'라고 해요. 동명사는 문장에서 명사처럼 주어, 목적어, 보어의 역할을 해요. 보어란 위 문장의 planting처럼 주어를 보충 설명해 주는 말이에요.

My hobby is playing soccer.

내 취미는 축구 하는 거예요.

2 The sea god helped the farmer's boat go faster.

용왕은 농부의 배를 더 빨리 가게 도와주었어요.

help는 '~을 도와주다'라는 뜻으로 'help + 목적어 + 동사원형' 또는 'help + 목적어 + to + 동사원형' 형태로 쓰면 '(목적어)가 ~하게 도와주다'라는 뜻이 됩니다.

Haelee helped me solve the math problem.

해리는 내가 그 수학 문제 푸는 것을 도와주었어요.

130

STEP 1 들으면서 눈으로 읽기 ▶ STEP 2 한 문장씩 따라 읽기 ▶ STEP 3 들으면서 동시에 읽기

/ 끊어 읽기   ⌣ 이어 읽기   ＼ ／ 억양

A few days later,/ a new sheriff came to town. He heard about the farmer's beautiful wife. He wanted to marry her. The sheriff challenged the farmer.❶

"If I win three challenges,/ I will marry your wife."

The first challenge was planting trees faster.

"Don't worry. My father will help you," the wife said.

She called her father,/ the sea god,/ for help. Her father sent his people/ and finished the job first.

The second challenge was horse racing. The sheriff showed up with a strong horse. The sea god sent the farmer a stronger/ and faster horse. The sheriff lost again.

The third challenge was boat racing. Of course,/ the sea god helped the farmer's boat/ go faster. He sent a storm/ to the sheriff's boat. It was the farmer's victory.

The sheriff thought, "The farmer must have mysterious powers."

He admitted his loss. "You won. I give up."❷

The farmer and his wife lived happily/ ever after.

발음 팁

❶ **challenged the**   challenge의 끝소리 -ge는 우리말 [ㅈ] 소리와는 좀 다릅니다. 입을 조금 더 둥글게 오므리고 힘을 주어서 [ㅈ] 하고 발음하세요. challenged the는 비슷한 소리가 서로 만나므로 부드럽게 이어서 [챌린지-더]라고 발음해요.

❷ **give up**   give의 끝소리 [v]가 뒤의 모음 up과 연음되어 [기브 업]이 아니라 [기법]처럼 이어서 발음됩니다.

The Shoemaker and the Elves 구두 만드는 사람과 요정들

 다음 이야기를 읽고 문제를 풀어 보세요.　▶ 해석·정답 p.188

Once there was a shoemaker couple.

They were good people but poor.

They had only enough leather for one pair of shoes.

They cut it neatly and put it aside.

"Let's make shoes tomorrow," the husband said.

The next morning, there were beautiful shoes on the table.

A lady came into their shoe store and bought the shoes.

"These shoes are amazing. I will take them."

The couple bought more leather with the money.

"Who made the shoes for us?" they thought.

They hid behind a door and waited.

Two little elves appeared and started to make shoes.

When all the work was done, they disappeared.

Every night, the elves made shoes for them.

Their shoe store became popular.

Christmas was approaching.

"Let's make new clothes for the elves for Christmas," the wife suggested.

They made perfect little clothes and shoes for the elves.

That night, the elves saw the gifts on the table.

They smiled with joy.

They put on the new clothes and flew away.

A 다음 중 구두 만드는 부부에 관한 설명 중 <u>틀린</u> 것을 고르세요.

ⓐ 착한 사람들이었지만 가난했다.

ⓑ 요정들에게 옷을 만들어 주었다.

ⓒ 구두 만드는 일을 그만두고 싶었다.

B 밤마다 와서 구두를 만든 건 누구였나요?

ⓐ a shoemaker   ⓑ a lady   ⓒ two elves

C 다음 문장을 이야기의 진행에 맞게 순서대로 나열하세요.

ⓐ The shoemakers' store became popular.

ⓑ The shoemaker couple cut the leather for shoes.

ⓒ The shoemaker couple gave the elves gifts.

ⓓ A new pair of shoes was on the table.

------------- ⇨ ------------- ⇨ ------------- ⇨ -------------

Learn More! 핵심 단어 확인하기 & 문장 들여다보기

MP3 092

 다음 단어를 읽고 공부한 단어에 체크해 보세요. ·······················

☐ **shoemaker** 구두 만드는 사람　　☐ **neatly** 단정하게, 깔끔하게　　☐ **disappear** 사라지다

☐ **leather** 가죽　　☐ **put aside** 옆에 두다　　☐ **popular** 인기 있는

☐ **pair** 켤레　　☐ **store** 가게　　☐ **approach** 다가오다

☐ **shoe** 🥿 구두, 신발　　☐ **elf** 🧝 요정　　☐ **put on** 🧒 (옷을) 입다

🔍 **문장 들여다보기** 앞 이야기에 나왔던 중요한 문장을 자세히 익혀 보세요. ·················

1 They had only enough leather for one pair of shoes.

그들은 구두 한 켤레를 만들 만큼의 가죽만 가지고 있었어요.

구두나 양말, 장갑 같은 물건은 항상 두 개씩 쌍으로 제작됩니다. 그래서 주로 복수형으로 shoes(구두), socks(양말), gloves(장갑)라고 쓰죠. pair는 이렇게 쌍으로 이루어진 물건을 셀 때 사용하는 단위예요. '한 켤레의, 한 쌍의'라고 할 때는 one pair of 또는 a pair of라고 해요.

Don't forget to buy a new pair of indoor shoes.

새 실내화 한 켤레 사는 거 잊지 마.

2 Every night, the elves made shoes for them.

매일 밤마다 요정들이 와서 그들에게 구두를 만들어 주었습니다.

make는 '만들다'라는 뜻의 동사입니다. 'make + 사람 + 사물' 형태로 쓰면 '사람에게 사물을 만들어 주다'란 뜻인데 이것을 'make + 사물 + for + 사람' 형태로 써도 같은 뜻이 됩니다. 누군가를 위해 만들어 주는 거니까 for(~을 위해)를 쓴다고 생각하면 외우기 쉬워요.

My dad makes pancakes for me every Saturday morning.

우리 아빠는 토요일 아침마다 내게 팬케이크를 만들어 주세요.

TRAINING ★ 섀도우 리딩 3단계 연습

MP3 093

STEP 1 들으면서 눈으로 읽기 ▶ STEP 2 한 문장씩 따라 읽기 ▶ STEP 3 들으면서 동시에 읽기

/ 끊어 읽기 ‿ 이어 읽기 ↘ ↗ 억양

Once/ there was‿a shoemaker couple. They were good people/ but poor. They had only enough leather/ for one pair‿of shoes. They cut‿it neatly/ and put‿it aside.❶

"Let's make shoes tomorrow," the husband said.

The next morning,/ there were beautiful shoes on the table. A lady came‿into their shoe store/ and bought the shoes. "These shoes are amazing. I will take them."

The couple bought more leather with the money.

"Who made the shoes for‿us?↘" they thought.

They hid/ behind‿a door/ and waited. Two little elves appeared/ and started to make shoes.❷ When all the work was done,/ they disappeared.

Every night,/ the elves made shoes for them. Their shoe store became popular. Christmas was approaching.

"Let's make new clothes for the elves/ for Christmas," the wife suggested.

They made perfect little clothes‿and shoes/ for the elves.

That night,/ the elves saw the gifts on the table. They smiled with joy. They put‿on the new clothes/ and flew away.

발음 팁

❶ **put it aside** [풋 잇 어사이드]처럼 단어를 각각 발음하지 않고 연음해서 발음해요. 이때 [t] 소리는 약해지므로 [푸리러사이드]처럼 부드럽게 이어서 발음하세요.

❷ **elves** elf의 복수형 elves는 [엘브즈]처럼 발음해요. v는 윗니를 아래 입술에 붙였다가 떼면서 성대를 울리면서 소리 내요. 성대가 울리는 v 뒤에 복수형을 만드는 -es가 붙으면 [즈]로 소리 나죠.

MP3 094

King Midas and the Golden Touch

미다스 왕과 황금의 손

다음 이야기를 읽고 문제를 풀어 보세요.

▶ 해석·정답 p.188

King Midas loved money and treasure.

He spent a lot of time looking at jewels.

One day, he found an old wanderer, who was the father of the harvest god. Midas treated him very well.

The harvest god offered Midas a reward.

"I will give you whatever you wish for."

Midas said, "I want to turn whatever I touch into gold. I want more gold."

His wish was granted.

He tested his new power. He touched every rose in the garden, and all of them became gold.

"What a great power I have!" He was happy.

But very soon, the blessing turned into a curse.

He couldn't eat or drink anything.

All the food turned into gold in his hands.

Even his lovely daughter turned into gold!

"What have I done?"

He regretted his wish and begged the harvest god,

"Please take my power and bring my daughter back."

His new wish was granted.

King Midas was never greedy again.

A 미다스 왕이 좋아한 것은 무엇이었나요?

ⓐ 맛있는 음식   ⓑ 정원의 꽃   ⓒ 돈과 보물

B 이 글을 읽고 얻을 수 있는 교훈으로 가장 알맞은 것을 고르세요.

ⓐ 지나친 욕심을 부리지 말아야 한다.

ⓑ 어려운 사람을 보면 도와주어야 한다.

ⓒ 황금을 다른 사람에게 베풀어야 한다.

C 다음 문장을 이야기의 진행에 맞게 순서대로 나열하세요.

ⓐ Whatever King Midas touched became gold.

ⓑ King Midas treated the father of the harvest god well.

ⓒ King Midas regretted his wish.

ⓓ King Midas wished for more gold.

---------------- ⇨ ---------------- ⇨ ---------------- ⇨ ----------------

핵심 단어 확인하기 다음 단어를 읽고 공부한 단어에 체크해 보세요. ·····································

- [ ] treasure 보물
- [ ] jewel 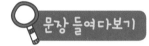 보석
- [ ] wanderer 방랑자
- [ ] harvest 수확, 추수

- [ ] offer 제안하다
- [ ] reward 🎁 보상
- [ ] whatever 무엇이든지
- [ ] turn A into B A를 B로 변하게 하다

- [ ] touch 만지다; 손길
- [ ] rose 장미
- [ ] blessing 축복
- [ ] curse 저주

문장 들여다보기 앞 이야기에 나왔던 중요한 문장을 자세히 익혀 보세요. ·····································

1 He found an old wanderer, who was the father of the harvest god.

그는 한 나이 든 방랑자를 발견했는데, 그 사람은 수확의 신의 아버지였습니다.

사람 명사 뒤에 콤마(,)를 쓰고 '관계대명사 who + 동사'로 연결하면 사람 명사에 대해 덧붙여서 설명해 주는 표현이 돼요. 따라서 위의 문장은 He found an old wanderer, and the old wanderer was the father of the harvest god.(그는 한 나이 든 방랑자를 발견했는데, 그 나이 든 방랑자는 수확의 신의 아버지였습니다.)라는 두 문장을 the old wanderer를 반복하지 않고 하나의 문장으로 만든 거예요. 콤마 없이 who를 쓰면 '~한 사람'이라고 앞의 명사를 뒤에서 꾸며 주는 말이 되지만, 콤마를 쓰면 설명을 덧붙여 주는 것이기 때문에 앞 문장과 쭉 연결해서 해석해 주면 됩니다.

We have a new student, who is my next-door neighbor.

새로운 학생이 왔는데, 그 애는 우리 옆집 사람이야.

2 I will give you whatever you wish for.

네가 바라는 것은 무엇이든지 내가 주겠다.

'what + 주어 + 동사'는 '주어가 ~하는 것'이라는 의미예요. 그런데 what에 '~든지'라는 의미를 나타내는 -ever를 붙이면 '무엇이든지'라는 의미의 단어가 됩니다. 그래서 'whatever + 주어 + 동사'는 '주어가 ~하는 것은 무엇이든지'라는 뜻이에요.

You can take whatever you like.

네가 좋아하는 건 무엇이든지 가져가도 돼.

138

> STEP 1 들으면서 눈으로 읽기 ▶ STEP 2 한 문장씩 따라 읽기 ▶ STEP 3 들으면서 동시에 읽기

/ 끊어 읽기 ‿ 이어 읽기 ↘ ↗ 억양

King Midas loved money/ and treasure.❶ He spent a lot of time/ looking at jewels.

One day,/ he found an old wanderer,/ who was the father/ of the harvest god.

Midas treated him very well. The harvest god offered Midas/ a reward.

"I will give you whatever you wish for."

Midas said, "I want to turn whatever I touch into gold. I want more gold."

His wish was granted. He tested his new power. He touched every rose in the garden,/ and all of them became gold.

"What a great power I have!" He was happy.

But very soon,/ the blessing turned into a curse. He couldn't eat or drink anything. All the food turned into gold/ in his hands. Even his lovely daughter/ turned into gold!

"What have I done?↘"

He regretted his wish/ and begged the harvest god,❷ "Please/ take my power/ and bring my daughter back."

His new wish was granted. King Midas was never greedy again.

발음 팁

❶ Midas 영어로는 [미다스]가 아니라 [마이더스]라고 발음하므로 주의하세요.

❷ regretted regret처럼 t로 끝나는 동사 뒤에 -ed가 붙으면 [이드]로 발음합니다. 그래서 regretted는 [리그레티드]라고 발음하죠. [t] 소리가 약해져서 [리그레디트]처럼 발음하기도 해요.

King Arthur and Excalibur

아서 왕과 엑스칼리버

다음 이야기를 읽고 문제를 풀어 보세요.

▶ 해석·정답 p.189

When King Uther had a son, he named the baby Arthur.

The king had many enemies.

Merlin, a wizard and the king's friend, sent Arthur away for his safety.

Arthur grew up with a boy named Kay.

When Arthur was 15 years old, King Uther was killed.

Before he died, he said, "Whoever pulls the sword Excalibur out of the stone will be the king."

All the nobles and the knights came to pull the sword out, but they failed.

One day, there was a tournament.

During the tournament, Kay's sword broke.

"Arthur, please get me a new sword," Kay asked.

While Arthur was looking for one, he noticed Excalibur in the stone.

"Oh, someone left a sword there. I will borrow that one."

The sword slid out smoothly and easily.

"Look at that young boy. He got the sword out!"

Everyone was shocked.

Merlin came out of the crowd and said,

"Arthur is King Uther's only son.

He is our true king."

"Long live the king!" everyone cheered.

▶ Long live the king! 임금님의 만수무강을 빕니다!
(중세 시대에 왕이 오래 살기를 기원하던 말)

A 아서는 왜 태어나서 먼 곳으로 보내졌나요?

ⓐ 엑스칼리버를 찾기 위해

ⓑ 안전을 위해

ⓒ 바위에서 칼을 뽑기 위해

B 다음 등장인물의 특징으로 알맞은 것을 각각 연결하세요.

1 Uther   •   • ⓐ wizard

2 Merlin   •   • ⓑ King Uther's son

3 Arthur   •   • ⓒ Arthur's father

C 다음 중 글의 내용과 맞는 것에는 O, 틀린 것에는 X에 표시하세요.

1 Arthur grew up with Merlin.

2 Arthur pulled out the sword in the stone.

 **핵심 단어 확인하기** 다음 단어를 읽고 공부한 단어에 체크해 보세요. ·········

- ☐ wizard 마법사
- ☐ safety 안전
- ☐ grow up 성장하다
- ☐ sword (무기로 쓰는) 칼, 검

- ☐ noble 귀족, 양반
- ☐ knight 기사
- ☐ fail 실패하다
- ☐ tournament 토너먼트, 경기

- ☐ borrow 빌리다
- ☐ smoothly 부드럽게
- ☐ true 진정한, 참된
- ☐ cheer 환호하다

문장 들여다보기 앞 이야기에 나왔던 중요한 문장을 자세히 익혀 보세요. ·········

1 Merlin, a wizard and the king's friend, sent Arthur away for his safety.

마법사이자 왕의 친구인 멀린은 안전을 위해 아서를 멀리 보냈습니다.

사람 명사 뒤에 콤마(,)를 넣어서 그 사람의 직업이나 나이 등에 대해 추가로 설명해 줄 수 있어요. 위의 문장에서는 Merlin 뒤에 콤마와 콤마 사이에 a wizard and the king's friend(마법사이자 왕의 친구)를 넣어 멀린이 어떤 사람인지 알려 주고 있죠.

Diana, the Princess of Wales, loved the people in her country.
웨일스의 공주인 다이애나는 자기 나라의 사람들을 사랑했어요.

2 Whoever pulls the sword Excalibur out of the stone will be the king.

누구든지 바위에서 엑스칼리버 칼을 뽑는 사람이 왕이 될 것이다.

위 문장은 주어가 아주 깁니다. whoever부터 stone까지가 주어에 해당해요. whoever는 who(누구) 뒤에 '~든지 간에'라는 의미를 더해 주는 -ever가 붙은 형태로 '누구든지 ~하는 사람'이라는 뜻이에요. 뒤에는 바로 동사가 오죠. 그래서 Whoever pulls the sword Excalibur out of the stone이라고 하면 '누구든지 바위에서 엑스칼리버 칼을 뽑는 사람'이라는 뜻이 돼요.

Whoever arrives first will get the prize.
누구든지 제일 먼저 도착하는 사람이 상을 받을 것이다.

142

STEP 1 들으면서 눈으로 읽기 ▶ STEP 2 한 문장씩 따라 읽기 ▶ STEP 3 들으면서 동시에 읽기

/ 끊어 읽기   ⌣ 이어 읽기   ╲ ╱ 억양

When King Uther had a son,/ he named the baby Arthur.**1** The king had many enemies. Merlin,/ a wizard/ and the king's friend,/ sent Arthur away/ for his safety.

Arthur grew up/ with a boy named Kay. When Arthur was 15 years old,/ King Uther was killed. Before he died,/ he said, "Whoever pulls the sword Excalibur/ out of the stone/ will be the king."**2**

All the nobles/ and the knights/ came to pull the sword out,/ but they failed.

One day,/ there was a tournament. During the tournament,/ Kay's sword broke.

"Arthur,/ please get me a new sword," Kay asked.

While Arthur was looking for one,/ he noticed Excalibur in the stone.

"Oh,/ someone left a sword there. I will borrow that one."

The sword slid out smoothly and easily.

"Look at that young boy. He got the sword out!"

Everyone was shocked. Merlin came out of the crowd/ and said, "Arthur is King Uther's only son. He is our true king."

"Long live the king!" everyone cheered.

발음 팁

1 Uther / Arthur 두 사람 이름에 들어가는 th 발음은 혀를 이 사이에 두었다가 숨을 뱉으면서 하는 발음이에요. 우리말 [ㄷ]처럼 발음하면 안 되므로 [우더/아더]라고 발음하지 않게 주의하세요.

2 sword Excalibur sword에서 w는 소리가 나지 않는 묵음입니다. 따라서 [스워드]가 아니라 [써드]로 발음하세요. 한편 Excalibur는 영어로는 [엑스캘러버]처럼 발음해요.

The King Has Donkey Ears ① 임금님 귀는 당나귀 귀 ①

 다음 이야기를 읽고 문제를 풀어 보세요.

▶해석·정답 p.189

Once upon a time, there was a king.

He was respected by his people, but he had a secret.

His ears grew bigger every day.

He called an old crown maker and ordered.

"Make a tall crown to cover my ears."

The old man was surprised, but he couldn't laugh at the king.

"You must not tell anybody. Keep my secret. Otherwise, you will die," said the king.

"I swear. I will not tell anyone," said the old man.

He made a new golden crown for the king.

Every time he thought of the king, he couldn't stop laughing.

"The king has donkey ears, and nobody knows except for me."

The king's crown got taller and taller.

People said, "The wiser the king becomes, the taller the

crown becomes."

When the old man heard that,

he laughed so much.

He couldn't resist anymore.

He wanted to tell the secret.

▶ crown maker 왕관 제작자

A 임금님의 비밀은 무엇이었나요?

ⓐ 못생긴 귀를 가지고 있다.

ⓑ 당나귀로 변하고 있다.

ⓒ 귀가 점점 자라고 있다.

B 글의 내용에 맞게 괄호 안에서 알맞은 단어를 고르세요.

1 The crown maker (laughed / slept) every time he thought of the king.

2 The king's ears grew (bigger / smaller) every day.

C 임금님이 왕관 제작자에게 명령한 일이 <u>아닌</u> 것을 고르세요.

ⓐ 나를 보고 웃지 말아라.

ⓑ 귀를 가릴 왕관을 만들어라.

ⓒ 반드시 내 비밀을 지켜라.

핵심 단어 확인하기 다음 단어를 읽고 공부한 단어에 체크해 보세요. ·······························

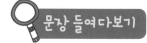

- [ ] **respect** 존경하다
- [ ] **secret** 비밀
- [ ] **ear** 귀
- [ ] **grow** 자라다

- [ ] **crown** 👑 왕관
- [ ] **maker** 제조업자
- [ ] **cover** 가리다, 덮다
- [ ] **otherwise** 그렇지 않으면

- [ ] **swear** 맹세하다
- [ ] **golden** 금으로 만든
- [ ] **every time** ~할 때마다
- [ ] **donkey** 🫏 당나귀

문장 들여다보기 앞 이야기에 나왔던 중요한 문장을 자세히 익혀 보세요. ·······························

1 He was respected by his people.

그는 백성들에게 존경을 받았어요.

'(사람)을 존경하다'는 'respect + 사람'이라고 하지만, 남에 의해서 존경을 받는다고 할 때 영어에서는 수동태로 표현합니다. 수동태의 기본 형태는 'be동사 + 동사의 과거분사형 + (by + 행위자)'예요. 굳이 행위자를 나타낼 필요가 없을 때는 'by + 행위자'를 생략하지만, 누군가에 의해서 그렇게 되는지 알려 주고 싶을 때는 뒤에 'by + 행위자'를 덧붙여 줍니다. 수동태 문장에서 by는 '~에 의해서'라는 뜻으로 해석하면 돼요.

Mrs. Curie is respected by many scientists.

퀴리 부인은 많은 과학자들에게 존경받는다.

2 You must not tell anybody.

누구에게도 말하면 안 된다.

must는 조동사로 '~해야 한다'라는 뜻입니다. 조동사 뒤에는 동사원형이 오는데, 조동사를 부정할 때는 조동사 뒤에 not을 붙여요. 'must not + 동사원형'은 '~해서는 안 된다'라는 뜻으로, 어떤 행동을 강하게 금지할 때 쓰는 표현입니다.

Students must not cheat on exams.

학생들은 시험에서 부정행위를 해서는 안 된다.

STEP 1 들으면서 눈으로 읽기 ▶ STEP 2 한 문장씩 따라 읽기 ▶ STEP 3 들으면서 동시에 읽기

/ 끊어 읽기 ⌣ 이어 읽기 ＼ ╱ 억양

Once upon a time,/ there was a king. He was respected by his people,/ but he had a secret. His ears grew bigger/ every day. He called an old crown maker/ and ordered.

"Make a tall crown/ to cover my ears."

The old man was surprised,/ but he couldn't laugh at the king.**❶**

"You must not tell anybody. Keep my secret. Otherwise,/ you will die," said the king.

"I swear. I will not tell anyone," said the old man.

He made a new/ golden crown/ for the king.**❷** Every time he thought of the king,/ he couldn't stop laughing.

"The king has donkey ears,/ and nobody knows except for me."

The king's crown got taller/ and taller.

People said, "The wiser the king becomes,/ the taller the crown becomes."

When the old man heard that,/ he laughed/ so much.

He couldn't resist anymore. He wanted to tell the secret.

발음 팁

❶ The old 자음으로 시작하는 단어 앞에 the가 오면 [더]로 읽지만, old처럼 모음으로 시작하는 단어 앞에 올 때는 [디]로 읽습니다. 따라서 The old는 [디 올드]라고 읽어요.

❷ made a made의 끝소리 자음이 a와 연음됩니다. 따라서 [메이드 어]가 아니라 [메이더]라고 한 단어처럼 부드럽게 연결해 발음하세요.

35

The King Has Donkey Ears ② 임금님 귀는 당나귀 귀 ②

다음 이야기를 읽고 문제를 풀어 보세요. ▶ 해석·정답 p.190

The old crown maker went to a bamboo field.

Nobody was there.

He shouted, "The king has donkey ears!"

He felt better and went home.

Every time he wanted to talk about the secret, he went to the bamboo field.

He shouted, "The king has donkey ears!" again and again.

One day, a sound began to come out of the bamboo field.

"Do you hear that? What is it saying?"

People listened to it carefully.

It was "The king has donkey ears."

The rumor spread quickly.

Now, everyone in the country knew about the king's ears.

Finally, the king decided to announce his secret.

"I have big ears. The poor old man didn't keep my secret, but I'll forgive him."

The king felt relieved. He regretted not telling people this sooner. He listened to his people and ruled his country peacefully.

A 위 글에서 밑줄 친 a sound가 나타내는 것은 무엇인가요?

ⓐ 나는 큰 귀를 가지고 있다.

ⓑ 임금님은 커다란 비밀을 숨기고 있다.

ⓒ 임금님은 당나귀 귀를 가지고 있다.

B 왕은 비밀을 털어놓고 어떤 감정을 느꼈나요?

ⓐ 화가 났다.

ⓑ 후회했다.

ⓒ 마음이 놓였다.

C 글의 내용에 맞게 괄호 안에서 알맞은 단어를 고르세요.

1 The rumor about the king's ears (announced / spread) quickly.

2 The crown maker didn't keep a (rumor / secret).

 **핵심 단어 확인하기** 다음 단어를 읽고 공부한 단어에 체크해 보세요. ·······························

☐ **bamboo** 대나무   ☐ **rumor** 소문   ☐ **announce** 발표하다

☐ **feel better** 기분이 나아지다   ☐ **spread** 퍼지다, 확산되다   ☐ **relieved** 안심하는, 마음이 놓이는

☐ **sound** 소리   ☐ **country** 나라   ☐ **sooner** 더 빨리

☐ **come out of** ~밖으로 나오다   ☐ **know about** ~에 대해 알다   ☐ **rule** 통치하다, 다스리다

문장 틀여다보기 앞 이야기에 나왔던 중요한 문장을 자세히 익혀 보세요. ·······························

1 Do you hear that? What is it saying?

저거 들려요? 뭐라고 말하고 있는 거지?

hear는 '~이 들리다'라는 뜻으로, 의식적으로 듣는 게 아니라 가만히 있어도 소리가 들리는 것을 뜻하는 동사입니다. 이처럼 hear(들리다), see(보이다), feel(느끼다) 같은 동사는 동작이 아닌 상태를 나타내는 말에 가까워서 진행형으로는 거의 쓰지 않아요. 그래서 소리가 들리고 있는 상황일 때도 현재진행형 대신 현재형을 사용해 Do you heard that?이라고 합니다. 하지만 일반적으로 지금 이 순간 일어나는 일/동작을 표현할 수 있는 say(말하다) 같은 동사는 현재진행형으로 써요. 그래서 '(지금) 뭐라고 말하고 있는 거지?'는 현재진행 시제를 써서 What is it saying?이라고 하는 거죠.

Do you see those people? What are they doing?

저 사람들이 보여요? 무엇을 하고 있죠?

2 He regretted not telling people this sooner.

그는 이것을 사람들에게 더 빨리 이야기하지 않은 것을 후회했어요.

regret은 '후회하다'라는 뜻의 동사예요. 과거에 '~한 것을 후회하다'라고 할 때는 뒤에 '동사 + -ing' 형태인 동명사를 붙입니다. 동명사를 부정할 때는 동명사 앞에 not을 붙이므로 '~하지 않은 것을 후회하다'라고 할 때는 'regret not + 동사ing'로 쓰면 됩니다.

Minho regretted not admitting his mistake sooner.

민호는 본인의 실수를 더 빨리 인정하지 않은 것을 후회했어요.

TRAINING ★ 섀도우 리딩 3단계 연습

MP3 105

STEP 1 들으면서 눈으로 읽기 ▶ STEP 2 한 문장씩 따라 읽기 ▶ STEP 3 들으면서 동시에 읽기

/ 끊어 읽기 ⌣ 이어 읽기 ＼ ／ 억양

The old crown maker went to a bamboo field. Nobody was there.

He shouted, "The king has donkey ears!"

He felt better/ and went home.

Every time he wanted to talk about the secret,/ he went to the bamboo field.❶

He shouted, "The king has donkey ears!" again/ and again.

One day,/ a sound began to come out of the bamboo field.

"Do you hear that? What is it saying?"

People listened to it carefully. It was "The king has donkey ears."

The rumor spread quickly. Now,/ everyone in the country knew about the king's ears. Finally,/ the king decided to announce his secret.❷

"I have big ears. The poor old man didn't keep my secret,/ but I'll forgive him."

The king felt relieved. He regretted not telling people this sooner. He listened to his people/ and ruled his country peacefully.

발음팁

❶ talk about talk의 끝소리와 about의 첫 모음 소리가 만나 연음됩니다. 따라서 [톡 어바웃]처럼 단어를 하나씩 읽는 것이 아니라 [토커바웃]처럼 이어서 발음해 주세요.

❷ decided to [d] 소리로 끝나는 단어 뒤에 -ed가 붙으면 [이드]로 소리 나요. 그래서 decided는 [디싸이디드]라고 발음하죠. 뒤에 [d]와 비슷한 [t] 소리가 연이어 나오므로 [d]는 느낌만 살려서 [디싸이디드-투]로 발음하세요.

36

MP3 106

The Egg of Columbus

콜럼버스의 달걀

다음 이야기를 읽고 문제를 풀어 보세요.

▶ 해석·정답 p.190

Christopher Columbus found a new continent and went back to Spain.

A party was held to celebrate his accomplishment.

Some people praised him.

But there were other people who were jealous.

"If you keep going west, you will find a new land. Who cannot do that?"

They didn't think it was a great discovery.

Columbus listened to them quietly.

Suddenly, he said, "I have an egg here. Who can make this egg stand up?"

Everyone tried, but nobody could do it.

They said, "The egg is round. It's impossible."

People gave up.

Columbus took the egg and tapped it on the table.

He flattened the tip and made it stand up.

"What? Who can't do that?" the people said.

Columbus told them, "Once somebody

shows how to do it, it becomes easy.

Anyone can follow him.

But not everyone can

think of how to do it first."

▶ flatten 평평하게 하다

A 파티는 무엇을 축하하기 위해서 열렸나요?

ⓐ Columbus's discovery

ⓑ Columbus's egg

ⓒ Columbus's idea

B 콜럼버스가 달걀을 세운 방법은 무엇이었나요?

ⓐ 테이블을 평평하게 만들어서 균형을 잡았다.

ⓑ 테이블 위에 소금을 뿌린 다음 달걀을 놓았다.

ⓒ 달걀을 톡톡 쳐서 끝부분을 평평하게 만들었다.

C 위 글의 내용과 일치하는 속담을 고르세요.

ⓐ 침묵이 금이다.

ⓑ 말하기는 쉽지만 행하기는 어렵다.

ⓒ 일찍 일어나는 새가 벌레를 잡는다.

핵심 단어 확인하기 다음 단어를 읽고 공부한 단어에 체크해 보세요.

☐ continent 대륙

☐ jealous 질투하는, 시샘하는

☐ round 둥근

☐ hold 열다, 개최하다

☐ west 서쪽으로; 서쪽

☐ impossible 불가능한

☐ celebrate 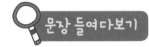 축하하다

☐ discovery 발견

☐ tap 톡톡 치다

☐ accomplishment 성취, 업적

☐ stand up 세우다

☐ tip 끝부분

문장 들여다보기 앞 이야기에 나왔던 중요한 문장을 자세히 익혀 보세요.

1 If you keep going west, you will find a new land.

계속 서쪽으로 가면 새 땅을 발견할 거예요.

'만약 ~이라면/하면'이라는 의미를 나타내는 문장을 if를 사용해 나타낼 수 있어요. if 뒤에 '주어 + 동사의 현재형'을 쓰면 '주어가 ~하면'이라는 조건의 의미가 되는데, '~하면'이라는 말만으로는 완벽한 문장을 만들 수 없기 때문에 뒤에 항상 '주어 + will + 동사원형(~할 것이다)'라는 문장이 하나 더 옵니다. 이걸 '주절'이라고 불러요. 위의 문장에서는 you will find a new land(새 땅을 발견할 거예요)가 주절이죠.

If you stop watching TV, I will tell you a funny story.

티비를 그만 보면 내가 웃긴 이야기를 해 줄게.

2 Who can make this egg stand up?

누가 이 달걀을 세울 수 있습니까?

'누가 ~하는가?'라는 의문문을 만들 때는 의문사 who를 주어 자리에 넣고 뒤에 바로 동사를 넣어 'Who + 동사 ~?' 형태로 씁니다. can 같은 조동사가 들어갈 때는 'Who + 조동사 + 동사 ~?' 형태로 의문문을 만들죠.

Who can wake up Fiona?

누가 피오나를 깨울 수 있니?

STEP 1 들으면서 눈으로 읽기 ▶ STEP 2 한 문장씩 따라 읽기 ▶ STEP 3 들으면서 동시에 읽기

/ 끊어 읽기　⌣ 이어 읽기　↘ ↗ 억양

Christopher Columbus found‿a new continent/ and went back to Spain. A party was held to celebrate his accomplishment.**❶** Some people praised him. But/ there were other people who were jealous.

"If you keep going west,/ you will find‿a new land. Who cannot do that?↘"

They didn't think it was‿a great discovery. Columbus listened‿to them quietly.

Suddenly,/ he said, "I have‿an egg here. Who can make this egg stand‿up?↘"

Everyone tried,/ but nobody could do it.

They said, "The egg is round. It's impossible."

People gave‿up. Columbus took the egg/ and tapped‿it on the table.

He flattened the tip/ and made‿it stand‿up.**❷**

"What? Who can't do that?↗" the people said.

Columbus told them, "Once somebody shows how to do it,/ it becomes easy. Anyone can follow him. But not everyone can think‿of how to do it first."

발음 팁

❶ accomplishment [어캄플리쉬먼트]로 발음하는데, 두 번째 음절인 [캄]에 강세가 있어요. 그래서 맨 앞의 [어]는 아주 약하게 발음하고 [캄]을 강하고 조금 길게 발음합니다. 끝의 t는 느낌만 살려서 발음해 주세요.

❷ flattened the flatten의 [t] 소리는 약화되어서 [플랫튼]이 아니라 살짝 콧소리를 내며 약하게 [플랫은]이라고 발음해요. 또한 이 뒤에 붙은 -ed의 [d] 소리와 뒤의 th 소리가 부드럽게 이어져서 [플랫은-더]처럼 발음합니다.

37

MP3 109

The Scholar and the Merchants 학자와 상인들

다음 이야기를 읽고 문제를 풀어 보세요.

▶해석·정답 p.191

A scholar was traveling by ship.

On the ship, there were many merchants.

The merchants bragged about their goods.

"These are precious jewels. I will be rich."

"This is the most expensive silk in the world."

They only talked about their valuables.

"Where are your goods?" one of them asked the scholar.

"I don't see anything."

"Oh, my product is much greater than yours. It's too bad that I can't show you," said the scholar.

All the merchants laughed at him.

That night, pirates attacked the ship.

They destroyed the ship and stole everything.

The passengers managed to swim to the nearest land.

The merchants lost all their goods and became beggars.

But the scholar became a teacher at a school.

Everyone in town respected him for his knowledge and

wisdom.

The merchants said, "The scholar was right.

Nobody can steal knowledge and

wisdom. They are the safest and

greatest goods."

▶ scholar 학자   merchant 상인

A 배에 탄 상인들의 대화 주제는 무엇이었나요?

ⓐ 상인들의 지식

ⓑ 상인들의 상품

ⓒ 해적의 공격

B 이 글을 읽고 얻을 수 있는 교훈으로 가장 알맞은 것을 고르세요.

ⓐ 지식과 현명함이 가장 훌륭한 물건이다.

ⓑ 비싼 물건은 많이 가질수록 좋다.

ⓒ 불행이 닥쳐도 포기하지 말아야 한다.

C 다음 중 글의 내용과 맞는 것에는 O, 틀린 것에는 X에 표시하세요.

1 All the merchants became teachers in the new land. O X

2 The scholar was traveling with many merchants. O X

핵심 단어 확인하기 다음 단어를 읽고 공부한 단어에 체크해 보세요. ⋯⋯⋯⋯⋯⋯⋯

☐ travel  여행하다   ☐ valuables 귀중품   ☐ steal 훔치다

☐ brag 자랑하다, 떠벌리다   ☐ pirate 해적   ☐ passenger 승객

☐ goods 상품, 물건   ☐ attack 공격하다   ☐ beggar 거지

☐ precious 귀중한, 값비싼   ☐ destroy 파괴하다   ☐ knowledge 지식

문장 들여다보기 앞 이야기에 나왔던 중요한 문장을 자세히 익혀 보세요. ⋯⋯⋯⋯⋯⋯

1 On the ship, there were many merchants.

배 위에는 많은 상인이 타고 있었어요.

on the ship(배 위에는)처럼 '전치사 + 명사'로 된 표현을 '전치사구'라고 합니다. 장소나 시간을 나타내는 전치사구는 문장 뒤쪽에 나올 수도 있지만 맨 앞에 나올 수도 있어요. 앞쪽에 나오면 좀 더 표현을 강조할 수 있는데 전치사구 뒤에 콤마(,)를 써 줍니다. 물론 There were many merchants on the ship.이라고도 할 수 있어요.

On Tuesdays, we have piano lessons.

(= We have piano lessons on Tuesdays.)

화요일마다 우리는 피아노 수업이 있어요.

2 It's too bad that I can't show you.

제가 보여 드릴 수 없어서 안타깝군요.

bad는 '나쁜'이라는 뜻 외에도 '안타까운, 유감스러운'이라는 뜻을 가지고 있어요. It's too bad.는 '안타깝네요, 유감이네요'라는 뜻이에요. 이걸 조금 더 길게 '~해서 안타깝네요'라고 무엇이 안타까운지 구체적으로 설명할 때는 'It's too bad + that + 주어 + 동사' 형태로 쓰면 됩니다. 여기서 that은 생략할 수도 있어요.

It's too bad that you can't make it to Tony's birthday party.

네가 토니의 생일 파티에 못 온다니 안타깝구나.

TRAINING ★ 섀도우 리딩 3단계 연습

MP3 111

STEP 1 들으면서 눈으로 읽기 ▶ STEP 2 한 문장씩 따라 읽기 ▶ STEP 3 들으면서 동시에 읽기

/ 끊어 읽기 ⌣ 이어 읽기 ＼/ 억양

A scholar was traveling by ship. On the ship,/ there were many merchants.
The merchants bragged⌣about their goods.
"These are precious jewels. I will be rich."
"This⌣is the most expensive silk in the world."❶
They only talked⌣about their valuables.
"Where are your goods?＼" one⌣of them asked the scholar. "I don't see
anything."
"Oh,/ my product is much greater than yours. It's too bad that I can't show
you," said the scholar. All the merchants laughed⌣at him.
That night,/ pirates attacked the ship. They destroyed the ship/ and stole
everything. The passengers managed⌣to swim/ to the nearest land.
The merchants lost all their goods/ and became beggars. But the scholar
became⌣a teacher at⌣a school.❷ Everyone in town respected him/ for his
knowledge/ and wisdom. The merchants said, "The scholar was right.
Nobody can steal knowledge and wisdom. They are the safest and greatest
goods."

발음 팁

❶ **silk** i의 발음은 짧고 약한 [어]에 가깝고, l은 입을 조금 더 크게 벌리고 혀를 윗니에 붙였다 떼면서 발음해요. 그래서 [씰크]
가 아니라 [씨얼크]에 가까워요. 마찬가지로 milk도 [밀크]가 아니라 [미얼크]처럼 발음합니다.

❷ **at a** at의 끝소리 자음이 뒤의 모음 a와 연음되는데, [t] 소리는 약하게 발음하므로 [앳 어]가 아니라 [애러]처럼 발음됩니다.

38

Achilles's Heel

아킬레스의 발뒤꿈치

MP3 112

다음 이야기를 읽고 문제를 풀어 보세요.

▶해석·정답 p.191

Achilles was a great warrior in Greece.

His mother was the daughter of a sea god.

When Achilles was born, she wanted to make him immortal.

She dipped him in the river Styx.

The river had the power to make a person immortal.

She said, "You will be the strongest warrior. Nobody will beat you."

His mother held him by his left heel, so it didn't touch the river. That became his weak part.

Achilles grew up to be the greatest warrior.

During the Trojan War, he won many combats and defeated many Trojans.

The Trojans really wanted to win the war.

In order to do that, they had to stop Achilles.

"We need to find a way."

Paris, a Trojan prince, found out about his weak point.

"We will finally win this war," said Paris.

During combat, Paris shot a poisonous

arrow at Achilles's left heel.

The great warrior Achilles

fell to the ground and died.

▶ immortal 죽지 않는, 불멸의   Trojan 트로이의; 트로이 사람

A 왜 아킬레스의 왼쪽 발뒤꿈치만 스틱스 강물에 닿지 않았나요?

ⓐ 트로이 사람들이 방해해서

ⓑ 어머니가 발뒤꿈치를 잡고 있어서

ⓒ 파리스가 아킬레스에게 화살을 쏴서

B 글의 내용에 맞게 괄호 안에서 알맞은 단어를 고르세요.

1 Achilles's mother wanted to make him (immortal / weak).

2 Achilles died, but he was the great (combat / warrior).

C 위 글에서 밑줄 친 his weak point가 가리키는 것은 무엇인가요?

ⓐ Achilles's mother

ⓑ Achilles's left heel

ⓒ poisonous arrow

핵심 단어 확인하기 다음 단어를 읽고 공부한 단어에 체크해 보세요. ·········

- [ ] warrior 전사
- [ ] be born 태어나다
- [ ] dip 살짝 담그다, 적시다
- [ ] beat 무찌르다, 이기다

- [ ] hold ~을 잡다, 들다
- [ ] heel 발뒤꿈치
- [ ] touch 닿다, 접촉하다
- [ ] combat 전투

- [ ] war 전쟁
- [ ] defeat 패배시키다, 물리치다
- [ ] weak point 약점
- [ ] poisonous 독이 있는, 독의

문장 들여다보기 앞 이야기에 나왔던 중요한 문장을 자세히 익혀 보세요. ·········

1 When Achilles was born, she wanted to make him immortal.

아킬레스가 태어났을 때 그녀는 그를 죽지 않게 만들고 싶었습니다.

'make + 사람/사물 + 형용사'는 '(사람/사물)을 ~한 상태로 만들다'라는 뜻이에요. immortal은 '죽지 않는, 불멸의'란 뜻의 형용사니까 make him immortal은 '그를 죽지 않게 만들다', '그를 불사신으로 만들다'라는 뜻이 됩니다.

Reading makes me smart.
독서는 나를 똑똑하게 만든다.

2 Achilles grew up to be the greatest warrior.

아킬레스는 자라서 가장 위대한 전사가 되었어요.

grew는 grow의 과거형이에요. grow up은 '자라다, 성장하다'라는 뜻인데, 뒤에 'to + 동사원형'을 붙이면 '자라서 (그 결과) ~하게 되었다'라는 뜻이 돼요. 위의 문장에서는 to 뒤에 be동사의 원형인 be가 와서 '자라서 (그 결과) 위대한 전사가 되었다'라는 뜻이 되었죠.

Jimin grew up to be the most popular dancer in the world.
지민은 자라서 세상에서 가장 인기 있는 댄서가 되었어요.

STEP 1 들으면서 눈으로 읽기 ▶ STEP 2 한 문장씩 따라 읽기 ▶ STEP 3 들으면서 동시에 읽기

/ 끊어 읽기 ⌣ 이어 읽기 ＼ ／ 억양

Achilles was a great warrior/ in Greece.**[1]** His mother/ was the daughter of a sea god. When Achilles was born,/ she wanted to make him immortal.**[2]**

She dipped him in the river Styx. The river had the power to make a person immortal.

She said, "You will be the strongest warrior. Nobody will beat you."

His mother held him by his left heel,/ so it didn't touch the river. That became his weak part.

Achilles grew up/ to be the greatest warrior. During the Trojan War,/ he won many combats/ and defeated many Trojans. The Trojans really wanted to win the war. In order to do that,/ they had to stop Achilles.

"We need to find a way."

Paris,/ a Trojan prince, found out about his weak point.

"We will finally win this war," said Paris.

During combat,/ Paris shot a poisonous arrow/ at Achilles's left heel.

The great warrior Achilles/ fell to the ground/ and died.

발음 팁

[1] Achilles 영어로는 [아킬레스]가 아니라 [어킬리-즈]로 발음해요. Achilles's heel은 '치명적인 약점'이란 뜻으로 일상생활에서도 많이 쓰이는 단어이니 정확한 발음을 잘 알아 두세요.

[2] immortal m이 연달아 두 개 오지만 [임모털]로 발음하지 않으니 주의하세요. [m] 발음은 한 번만 해서 [이모털]이라고 발음하는데, 이때 [t]를 아주 약하게 소리 내므로 [이모덜]처럼 발음합니다.

The Magic Apple ①

마법의 사과 ①

MP3 115

다음 이야기를 읽고 문제를 풀어 보세요.　　　　　▶해석·정답 p.192

Once upon a time, there was a king.

He had one daughter.

One day, the princess became very ill.

All the doctors in the country tried to help her, but no medicine worked.

The king announced, "Whoever cures my daughter will marry her and be the next king."

There were three brothers who lived far away from the palace.

The eldest brother had a magic telescope.

He saw the announcement through his telescope.

"The poor princess! She's very sick. We need to help her."

The middle brother had a magic rug.

"We can fly there fast on my rug. Hop on!"

The youngest brother had a magic apple.

It had the power to cure any illness.

"I will give my apple to the princess. That's it!" said the youngest brother.

They arrived at the palace.

The princess ate the apple and recovered quickly.

Everyone was very happy.

▶ hop on 훌쩍 뛰어 올라타다

A 다음 물건을 갖고 있는 사람을 글의 내용에 맞게 연결하세요.

1 첫째 형 •   • ⓐ 양탄자

2 둘째 형 •   • ⓑ 사과

3 막내 •   • ⓒ 망원경

B 다음 물건이 갖고 있는 마법의 힘을 글의 내용에 맞게 연결하세요.

1 telescope •   • ⓐ 세상의 모든 병을 고칠 수 있다.

2 rug •   • ⓑ 아주 멀리 있는 것도 볼 수 있다.

3 apple •   • ⓒ 먼 곳으로도 빨리 날아갈 수 있다.

C 다음 중 글의 내용과 맞는 것에는 O, 틀린 것에는 X에 표시하세요.

1 The three brothers lived far away from the palace.

2 The princess didn't recover from her illness.

✏️ **핵심 단어 확인하기** 다음 단어를 읽고 공부한 단어에 체크해 보세요. ‧‧‧‧‧‧‧‧‧‧‧‧‧‧‧‧‧‧‧‧‧‧‧‧‧‧‧‧‧‧‧‧‧

- ☐ princess 공주
- ☐ ill 아픈
- ☐ medicine 약
- ☐ work (약이) 효과가 있다

- ☐ cure 치료하다
- ☐ far away 멀리 떨어진
- ☐ telescope 망원경
- ☐ announcement 발표문, 공지

- ☐ rug 양탄자, 깔개
- ☐ illness 질병
- ☐ arrive 도착하다
- ☐ recover 회복하다

🔍 **문장 들여다보기** 앞 이야기에 나왔던 중요한 문장을 자세히 익혀 보세요. ‧‧‧‧‧‧‧‧‧‧‧‧‧‧‧‧‧‧‧‧‧‧‧‧‧‧‧‧‧

1 All the doctors in the country tried to help her, but no medicine worked.

나라의 모든 의사가 그녀를 도우려 했지만 아무 약도 효과가 없었어요.

work에는 '일하다'라는 뜻도 있지만, 운동이나 약, 어떤 요법이 '효과가 있다'라는 뜻으로도 많이 사용됩니다. 명사 앞에 no를 붙이면 부정문이 되므로 위의 문장에서는 '효과가 없었다'라는 뜻이 되었어요.

No exercise will work.
어떤 운동도 효과가 없을 거예요.

2 It had the power to cure any illness.

그건 어떠한 병이라도 치료하는 힘을 가지고 있었어요.

'~할 힘을 가지고 있다'라고 할 때 'have the power to + 동사원형'을 씁니다. 'to + 동사원형'이 명사 power를 뒤에서 꾸며 주는 역할을 하죠.

My mom's words always have the power to cheer me up.
우리 엄마의 말은 항상 나를 기운 나게 하는 힘을 가지고 있어요.

TRAINING ★ 섀도우 리딩 3단계 연습

STEP 1 들으면서 눈으로 읽기 ▶ STEP 2 한 문장씩 따라 읽기 ▶ STEP 3 들으면서 동시에 읽기

/ 끊어 읽기 ⌣ 이어 읽기 ＼／ 억양

Once upon a time,/ there was a king. He had one daughter.

One day,/ the princess became very ill. All the doctors in the country/ tried to help her,/ but no medicine worked.

The king announced, "Whoever cures my daughter/ will marry her/ and be the next king."

There were three brothers/ who lived far away from the palace.

The eldest brother had a magic telescope. He saw the announcement through his telescope. "The poor princess! She's very sick. We need to help her."

The middle brother had a magic rug. "We can fly there fast on my rug. Hop on!"

The youngest brother had a magic apple. It had the power/ to cure any illness. "I will give my apple to the princess. That's it!" said the youngest brother.

They arrived at the palace. The princess ate the apple/ and recovered quickly. Everyone was very happy.

발음 팁

1 There were three there와 three는 둘 다 th로 시작하는 단어지만, th의 발음은 조금 달라요. three의 th 소리는 혀를 이 사이에 두었다가 혀를 빼면서 숨을 내뱉는 발음으로 성대가 울리지 않아요. 하지만 there의 th 소리는 혀를 이 사이에 두긴 하지만 성대가 울리는 발음이에요. 숨을 많이 내보내지 않고 혀를 이 사이에 둔 채로 [ㄷ]처럼 발음한다고 생각하면 쉬워요.

2 had a 한 단어씩 각각 [해드 어]라고 읽지 말고, 연음해서 [해더]라고 이어지게 발음해 주세요.

Magic Apple ②

마법의 사과 ②

 다음 이야기를 읽고 문제를 풀어 보세요.

▶ 해석·정답 p.192

The king hosted a party for the three brothers.

It was time to decide who would marry the princess and be the next king.

There was a debate.

The eldest brother said, "Without my magic telescope, we couldn't have known about the princess's illness."

The middle brother said, "Without my magic rug, we couldn't have arrived early."

The youngest brother said, "Without my magic apple, the princess couldn't have recovered."

The king thought hard.

Finally, he said, "The princess is better thanks to the three brothers. But the person who will marry my daughter is the youngest brother. The other two brothers still have their telescope and rug. But the youngest brother gave everything to the princess. He sacrificed the most valuable thing for her. That's why I choose him."

Everyone praised the king's wise decision.

The youngest brother married the princess.

The other brothers received a lot of money as a reward.

All of them lived happily ever after.

▶ couldn't have p.p. ~할 수 없었을 것이다

A 첫째 형의 주장은 무엇이었나요?

ⓐ 망원경이 없었으면 공주가 아픈 것을 알 수 없었을 것이다.

ⓑ 망원경이 없었으면 궁전에 빨리 오지 못했을 것이다.

ⓒ 망원경이 없었으면 공주의 병이 낫지 못했을 것이다.

B 글의 내용에 맞게 괄호 안에서 알맞은 단어를 고르세요.

1 (With / Without) the magic rug, they couldn't have arrived early.

2 The princess (recovered / discovered) thanks to the magic apple.

C 왕이 막내를 공주의 결혼 상대로 선택한 이유는 무엇인가요?

ⓐ 공주가 막내와 결혼하고 싶어해서

ⓑ 막내가 공주의 병을 낫게 하는 데 큰 역할을 해서

ⓒ 막내가 본인의 가장 소중한 것을 공주를 위해 희생해서

핵심 단어 확인하기 다음 단어를 읽고 공부한 단어에 체크해 보세요. ···

☐ **host** (파티를) 주최하다, 열다

☐ **debate** 토론, 논의

☐ **without** ~없이

☐ **early** 일찍

☐ **better** (병에서) 회복한, 나은

☐ **thanks to** ~덕분에

☐ **person** 사람

☐ **sacrifice** 희생하다

☐ **valuable** 가치 있는, 소중한

☐ **choose** 선택하다, 고르다

☐ **decision** 결정

☐ **receive** 받다

문장 들여다보기 앞 이야기에 나왔던 중요한 문장을 자세히 익혀 보세요. ···

1 Without my magic apple, the princess couldn't have recovered.

제 마법의 사과가 없었다면 공주님은 회복할 수 없었을 것입니다.

이미 지나간 과거의 일에 대해 '~할 수 있었을 것이다'라고 실제로는 하지 않았지만 할 수도 있었겠다고 후회나 질책을 할 때 'could have + 동사의 과거분사형'을 사용해요. could는 '~할 수 있다'라는 능력, 가능성을 나타내는 조동사 can의 과거형이고, 뒤에 나온 'have + 동사의 과거분사형'은 이미 지나간 과거에 있었던 일이라는 것을 나타내죠. 부정형으로 쓴 'couldn't have + 동사의 과거분사형'은 '(과거에) ~할 수 없었을 것이다'라는 뜻으로, 실제로는 해냈지만 할 수 없었을 수도 있다고 강조할 때 사용하는 표현이에요.

Without your encouragement, I couldn't have made it.

당신의 격려가 없었다면 저는 해낼 수 없었을 거예요.

2 That's why I choose him.

그래서 나는 그를 선택한다.

'That's why + 주어 + 동사'는 '그것이 (주어)가 ~하는 이유이다' 혹은 '그래서 (주어)는 ~한다'라는 뜻이에요. 여기서 that은 앞 문장 전체를 가리키는 거라서, 앞쪽에 이유에 해당하는 말이 나와요.

A: **I don't like studying math.**

난 수학 공부하는 게 싫어.

B: **That's why I do it first. Just to finish it early.**

그래서 나는 그걸 먼저 해. 그냥 일찍 끝내 버리려고.

STEP 1 들으면서 눈으로 읽기 ▶ STEP 2 한 문장씩 따라 읽기 ▶ STEP 3 들으면서 동시에 읽기

/ 끊어 읽기 ⌣ 이어 읽기 ↘ ↗ 억양

The king hosted a party/ for the three brothers. It was time to decide/ who would marry the princess/ and be the next king. There was a debate.

The eldest brother said, "Without my magic telescope,/ we couldn't have known about the princess's illness.[1]"

The middle brother said, "Without my magic rug,/ we couldn't have arrived early."

The youngest brother said, "Without my magic apple,/ the princess couldn't have recovered."

The king thought hard. Finally,/ he said, "The princess is better thanks to the three brothers. But the person who will marry my daughter/ is the youngest brother. The other two brothers/ still have their telescope and rug. But the youngest brother gave everything/ to the princess. He sacrificed the most valuable thing for her. That's why/ I choose him."[2]

Everyone praised the king's wise decision. The youngest brother married the princess. The other brothers received a lot of money/ as a reward. All of them lived happily/ ever after.

발음 팁

[1] **princess's** princess는 [프린쎄스]라고 발음하는데, 소유격인 princess's는 [프린쎄시즈]처럼 발음해요.

[2] **That's** [t] 소리 뒤에 [s]가 오면 [트스]처럼 발음하는 게 아니라 [츠]처럼 소리 납니다. 따라서 [댓스]가 아니라 [댓츠]처럼 발음하세요.

정답과
해설

01 양치기 소년과 늑대

P.12-13

한 양치기 소년이 혼자 일합니다. 그는 지루해요. 그는 장난치고 싶어요. "늑대가 있어요! 무서운 늑대! 늑대가 내 양을 먹고 있어요!" 소년이 소리쳐요. 마을 사람들은 일하는 것을 멈추고 그를 도우러 뛰어옵니다. 하지만 그들은 늑대를 보지 못해요. "거짓말이에요." 소년이 말해요. 마을 사람들은 화가 납니다. 그들은 마을로 돌아가요. "이거 재미있네." 소년이 말해요. 며칠 후, 그는 다시 지루해져요. "늑대다! 무서운 늑대!" 소년이 소리쳐요. 마을 사람들은 다시 그를 도우러 뛰어옵니다. "늑대는 없어요." 소년이 말해요. "쟤는 거짓말쟁이야." 마을 사람들은 말해요. 다음 날, 진짜 늑대가 나타납니다. "늑대다! 늑대가 있어요! 늑대가 내 양을 먹고 있어요!" 소년이 소리쳐요. 마을 사람들은 생각해요. "또 거짓말인 게 분명해. 쟤는 거짓말쟁이야." 아무도 그를 도와주러 가지 않습니다. 늑대는 그의 양을 다 먹어 버려요. 소년은 소리쳐요. "내 가여운 양들!" 하지만 후회하기에는 너무 늦었습니다.

A ⓑ

해설: 12쪽 2번째 줄에 He is bored. He wants to play a prank.(그는 지루해요. 그는 장난치고 싶어요.)라는 설명이 있습니다.

B 1 ○ 2 X

1 진짜 늑대가 나타난다.

2 마을 사람들이 소년을 도우러 뛰어온다.

C ⓑ

해설: 소년이 늑대가 나타났다고 계속 거짓말을 해서, 진짜 늑대가 나타났을 때도 마을 사람들은 소년의 말을 믿지 않습니다. 따라서 거짓말을 하지 말고 항상 정직해야 한다는 교훈을 배울 수 있습니다.

02 시골 쥐와 도시 쥐

P.16-17

도시 쥐는 도시에 있는 궁전에서 삽니다. 시골 쥐는 시골에 있는 오두막집에서 삽니다. 그들은 친한 친구예요. 어느 날, 도시 쥐가 시골 쥐를 방문합니다. 시골 쥐는 그에게 감자를 대접해요. "음, 난 감자 안 좋아하는데." 도시 쥐가 말해요. 그는 궁전에 있는 온갖 맛있는 음식에 대해서 이야기해요. "다음에는 날 방문하러 와." 도시 쥐가 말해요. 시골 쥐는 친구를 만나러 가기로 결심합니다. 그는 도시에 도착합니다. 그는 궁전에 놀라요. 식탁에는 음식이 많습니다. 도시 쥐가 말해요. "어서 와. 우리 밥을 먹자." 시골 쥐가 케이크를 막 먹으려는 참에, 그는 고양이를 봅니다. 고양이가 그들을 쫓아오네요. 그들은 도시 쥐의 방으로 도망갑니다. 시골 쥐는 말해요. "넌 평화롭게 밥 한 끼조차 먹을 수 없구나. 난 내 시골 생활에 만족해. 내 오두막집으로 돌아갈래." 그는 바로 집으로 돌아갑니다.

A ⓑ

해설: 17쪽 3번째 줄을 보면 시골 쥐가 I am happy with my country life.(난 내 시골 생활에 만족해.)라고 집으로 돌아가는 이유를 말합니다.

B 1 palace 2 amazed

1 도시 쥐는 궁전에 산다.

2 시골 쥐는 궁전에 놀란다.

C ⓒ → ⓓ → ⓐ → ⓑ

ⓐ 고양이가 도시 쥐와 시골 쥐를 쫓아온다.

ⓑ 시골 쥐는 집으로 돌아간다.

ⓒ 도시 쥐가 시골 쥐를 방문한다.

ⓓ 시골 쥐가 도시 쥐를 만나러 간다.

03 솔로몬 왕의 판결

p.20-21

두 여인이 길거리에서 한 아기를 두고 싸웁니다. "이 애는 내 아기야." 한 여인이 말해요. "아냐, 이 애는 내 아기야." 다른 여인이 말해요. 아기는 울고 또 울어요. "누가 진짜 엄마지?" 사람들은 모릅니다. 그들은 솔로몬 왕의 법정으로 가기로 결정합니다. "제발 절 도와주세요. 이 아이는 제 아기예요." "아닙니다. 이 아이는 제 아기예요." 두 여인 모두 말해요. 솔로몬 왕은 그들의 말을 듣습니다. 그는 곰곰이 생각해요. 마침내 그가 말합니다. "두 여인 모두 자기들이 진짜 엄마라고 주장하는구나. 아기를 반으로 잘라서 그들에게 주거라." 모든 사람이 놀랍니다. 여인 중 하나가 아기를 감싸며 말해요. "제발 그러지 마세요. 아기를 다치게 하지 마세요. 대신 절 자르세요." 그녀는 울고 또 울어요. 솔로몬 왕이 말합니다. "저 여인이 진짜 엄마이다. 엄마는 자기 아기를 위해 죽을 의향이 있다. 아기를 그녀에게 주어라." "참으로 현명한 판결이구나!" 사람들은 솔로몬 왕의 지혜를 칭찬합니다.

A ⓒ

ⓐ 솔로몬 왕의 아기
ⓑ 솔로몬 왕의 싸움
ⓒ 솔로몬 왕의 지혜

해설: 이 글은 솔로몬 왕이 지혜(wisdom)를 써서 아기의 진짜 엄마를 가려내는 것에 관한 이야기입니다.

B 1 X 2 X

1 두 여인 모두 아기의 엄마가 아니다.
2 두 여인은 누가 진짜 엄마인지 모른다.

C ⓑ

해설: 솔로몬 왕은 아기 대신 자신을 자르라고 나선 여인을 보고 진짜 엄마라고 판결합니다. 21쪽 2~3번째 줄의 A mom is willing to die for her baby.(엄마는 자신의 아기를 위해 죽을 의향이 있다.)를 통해 진짜 엄마를 찾은 방법을 알 수 있어요.

04 늑대와 일곱 마리 아기 양 ①

p.24-25

엄마 양에게는 일곱 마리의 아기 양이 있어요. 그녀는 "아무에게도 문을 열어 주지 마."라고 말하고 시장으로 떠납니다. 늑대는 엄마 양이 떠나는 걸 봐요. 늑대는 생각해요. "잘됐다! 아기 양들을 먹어야지." 똑똑. 늑대가 문 앞에 있어요. "내가 돌아왔다. 문 열렴." 늑대가 말해요. "당신은 우리 엄마가 아니에요! 엄마의 목소리는 예뻐요." 아기 양들이 말해요. 늑대는 분필 가루를 구해서 먹습니다. "내가 돌아왔다. 문 열렴." 늑대가 양들의 집 앞에서 말합니다. "아뇨, 당신은 우리 엄마가 아니에요. 엄마의 발에는 털이 없어요." 아기 양들이 말해요. 늑대는 흰 밀가루를 구해서 발 위에 발라요. "문 열렴. 내가 돌아왔다." "봐. 엄마의 발이야." 아기 양들이 말해요. 그들이 문을 열자 늑대가 들어옵니다. "늑대다!" 그들은 외쳐요. 가장 어린 아기 양은 시계 속에 숨어요. 늑대는 가장 어린 아기 양만 빼고 다른 아기 양들을 잡아먹습니다.

A 아무에게도 문을 열어 주지 마.

해설: 24쪽 2번째 줄에서 엄마 양이 Don't open the door for anyone.이라고 말해요.

B ⓑ

해설: 24쪽 아래에서 6번째 줄의 Wolf gets chalk powder and eats it.(늑대는 분필 가루를 구해서 먹습니다.)에서 ⓐ를, 24쪽 마지막 줄의 Wolf gets white flour and puts it on his feet.(늑대는 흰 밀가루를 구해서 발 위에 발라요.)로 ⓒ를 알 수 있어요. ⓑ와 관련된 내용은 없습니다.

C 1 ○ 2 X

1 늑대는 발에 털이 있다.
2 가장 어린 아기 양은 벽장 속에 숨는다.

05 늑대와 일곱 마리 아기 양 ②

p.28-29

엄마 양이 집에 돌아옵니다. 거기에는 아무도 없어요. 그녀가 울부짖어요. "내 아가들! 아가들이 사라져 버렸어!" 가장 어린 아기 양이 시계 밖으로 나옵니다. "엄마, 저 여기 있어요." 그는 모든 것을 그녀에게 이야기합니다. "네 형과 누나들을 찾으러 가자." 엄마 양이 말해요. 그들은 늑대를 나무 아래에서 발견합니다. 늑대는 낮잠을 자고 있어요. 그의 배는 아주 큽니다. "엄마, 우리 여기 있어요!" 아기 양들이 소리쳐요. 엄마 양은 늑대의 배를 자릅니다. 아기 양들은 무사해요. 모두가 나온 후, 엄마 양은 늑대의 배를 바위로 채웁니다. 그녀는 배를 다시 꿰매요. "이제 우리는 숨어야 해." 엄마 양이 말합니다. 엄마 양과 아기 양들은 나무 뒤에 숨어요. 잠시 후, 늑대가 잠에서 깨어납니다. "목이 마르네." 늑대가 말해요. 그는 물을 마시러 우물로 갑니다. 그가 몸을 숙이자 엄마 양은 그를 아래로 밀어요. 늑대는 너무 무거워서 우물 밖으로 나올 수가 없어요. 엄마 양과 아기 양들은 집으로 돌아갑니다.

A ⓐ

해설: 28쪽 7번째 줄을 보면 They find Wolf under a tree. He is taking a nap.(그들은 늑대를 나무 아래에서 발견합니다. 늑대는 낮잠을 자고 있어요.)라고 나와 있어요.

B cuts / stomach

엄마 양은 늑대의 배를 잘라서 아기 양들을 꺼낸다.

해설: 28쪽 아래에서 6번째 줄에 Mama Lamb cuts Wolf's stomach.(엄마 양은 늑대의 배를 자릅니다.)라는 내용이 있어요.

C 1 rocks 2 well

1 엄마 양은 늑대의 배를 돌로 채운다.

2 엄마 양은 늑대를 우물로 민다.

06 사랑에 빠진 사자

p.32-33

사자가 농부의 딸에게 반했습니다. 그녀는 현명하고 아름다운 여성이었어요. 사자는 먼저 그녀의 아버지에게 물어보기로 결심했습니다. "제가 당신의 딸과 결혼해도 될까요?" 사자가 물었어요. 사자는 날카로운 발톱과 이빨을 가지고 있었어요. 농부는 너무 무서워서 안 된다고 말하지 못했습니다. 그는 아이디어를 하나 떠올렸어요. "여자들은 날카로운 발톱을 좋아하지 않지. 그것들을 없앨 수 있겠나?" 농부가 물었어요. "내 딸은 그걸 좋아할 걸세." 그가 덧붙였죠. "물론이죠, 하겠습니다." 사자가 말했어요. "내 딸은 날카로운 이빨도 안 좋아하네. 그것들도 제거할 수 있겠나?" 농부가 물었어요. "물론 할 수 있습니다." 사자가 대답했어요. 그는 자기 발톱과 이빨을 없앴습니다. 사자는 농부에게 돌아가서 물었어요. "이제 제가 당신의 딸과 결혼해도 될까요?" 농부는 사자를 비웃었습니다. "아니. 넌 이빨과 발톱이 없어. 너는 이제 약해. 난 더 이상 네가 무섭지 않아." 그는 사자를 쫓아냈답니다.

A ⓒ

해설: 32쪽 2번째 줄을 보면 She was a wise and beautiful girl.(그녀는 현명하고 아름다운 여성이었어요.)이라고 나와 있습니다.

B ⓑ

해설: 32쪽 마지막 줄 He got rid of his claws and teeth.(그는 자기 발톱과 이빨을 없앴습니다.)에서 보듯 사자는 농부의 딸과 결혼하기 위해 날카로운 발톱과 이빨을 없앴습니다. ⓑ의 무서운 목소리에 관한 내용은 없습니다.

C 1 ○ 2 X

1 사자는 농부의 딸과 결혼하고 싶었다.

2 농부의 딸은 사자에게 반했다.

07 거대한 순무

p.36-37

　한 소녀가 할아버지, 할머니와 함께 살았습니다. 그들은 개 한 마리와 고양이 한 마리와도 같이 살았어요. 어느 날, 소녀의 할아버지는 거대한 순무 하나를 밭에서 발견했습니다. "와, 엄청 크군!" 그는 소리쳤어요. 그는 당기고 당겼지만 순무를 꺼낼 수가 없었어요. "흠, 도움이 필요하겠어." 할아버지가 말했어요. 그는 할머니를 불렀어요. 그들은 순무를 같이 당겼지만 그것을 꺼낼 수 없었어요. 그들이 말했습니다. "우리는 도움이 필요해." 그들은 도와 달라고 소녀를 불렀습니다. 소녀는 도우러 달려갔죠. 그들은 당기고 당겼지만, 여전히 순무를 꺼낼 수 없었어요. 그들은 말했습니다. "우리는 도움이 필요해." 그러고 나서 개가 참여했어요. 그들은 순무를 당겼지만, 순무는 여전히 나오려고 하지 않았어요. "나도 도와줄게요." 고양이가 말했어요. 모두가 순무를 뽑기 위해 함께 노력했습니다. 뿅! 마침내 거대한 순무가 나왔어요. "우리가 해냈어!" 모두가 기쁨으로 소리쳤어요. "내가 이걸로 맛있는 수프를 좀 만드마." 할머니가 말했어요. 모두 수프를 저녁 식사로 맛있게 먹었답니다.

- -

A ① grandfather + grandmother + girl
　② grandfather + grandmother + girl + dog
　③ grandfather + grandmother + girl + dog + cat

해설: 처음에 할아버지(grandfather)는 할머니(grandmother)를 불렀고, 그다음에는 소녀(girl), 개(dog), 고양이(cat) 순서로 순무 뽑는 일에 참여했어요. ①, ②, ③의 앞에 누가 나오는지 확인하세요.

B ⓒ

해설: 모두 힘을 합친 덕분에 마침내 거대한 순무를 뽑을 수 있었어요. 따라서 '모두가 힘을 합치면 뭐든지 할 수 있다'라는 교훈을 얻을 수 있습니다.

C 1 ○　2 ✕
　1 마침내 거대한 순무가 나왔다.
　2 소녀는 순무로 수프를 좀 만들었다.

08 골디락스와 세 마리 곰 ①

p.40-41

　아빠 곰, 엄마 곰, 그리고 아기 곰이 있었습니다. 곰 가족은 숲속에 있는 집에서 살았어요. 어느 날, 엄마 곰은 아침으로 죽을 만들었어요. "이건 너무 뜨거워요." 아기 곰이 말했어요. 엄마 곰이 제안했어요. "우리 산책 가자. 죽이 식을 거야." 그들은 집을 나섰지만 문을 잠그지 않았어요. 한 소녀가 숲속을 걷고 있었습니다. 소녀의 이름은 골디락스였어요. 그녀는 곰들의 집을 보았어요. "정말 멋진 집이네." 그녀는 말했어요. 그녀는 문을 두드렸지만, 아무도 대답하지 않았어요. 그녀는 문을 열고 집 안으로 들어갔습니다. 그녀는 식탁 위에 있는 죽 세 그릇을 보았어요. "배고파." 그녀는 말했어요. 골디락스는 가장 큰 그릇에 있는 죽을 맛보았어요. "이건 너무 뜨거워." 그녀가 말했어요. 그녀는 옆에 있는 것으로 넘어갔어요. "이건 너무 차가워." 그녀가 말했어요. 그녀는 가장 작은 그릇에 있는 죽을 맛보았어요. "이건 딱 알맞아!" 그녀는 죽을 다 먹어 버렸어요.

- -

A ⓑ

해설: 40쪽 5~6번째 줄을 보면 죽이 너무 뜨겁다는 아기 곰의 말에 엄마 곰이 Let's go for a walk. The porridge will cool down.(우리 산책 가자. 죽이 식을 거야.)라고 제안했습니다.

B 1 nobody　2 smallest
　1 골디락스가 문을 두드렸을 때 아무도 대답하지 않았다.
　2 가장 작은 그릇에 있는 죽은 딱 알맞았다.

C ⓒ

해설: 40쪽 아래에서 2번째 줄에 She saw three bowls of porridge on the table.(그녀는 식탁 위에 있는 죽 세 그릇을 보았어요.)라는 내용이 있어요. ⓑ는 7번째 줄에 they didn't lock the door(그들은 문을 잠그지 않았어요)라는 내용이 나오므로 틀리고, 소녀가 아기 곰을 만나러 왔다는 내용은 글 어디에도 없으므로 ⓐ도 틀려요.

09 골디락스와 세 마리 곰 ②

p.44-45

골디락스는 위층에 올라가서 침대 세 개를 보았습니다. 그녀는 아빠 곰의 침대에 누웠어요. "이 침대는 너무 딱딱해." 그녀가 말했어요. 그녀는 엄마 곰의 침대로 넘어갔어요. "이 침대는 너무 푹신해." 그녀가 말했어요. 그녀는 가장 작은 침대로 갔어요. "이 침대는 딱 맞는 느낌이야." 그러고 나서 그녀는 잠이 들었죠. 곰 가족이 집으로 돌아왔습니다. 그들은 누군가가 자기들의 집에 있다는 것을 알아차렸어요. "누군가 내 죽을 먹었어." 아빠 곰이 말했어요. "누군가 내 죽을 먹었어." 엄마 곰이 말했어요. "누군가 내 죽을 먹고 그걸 다 먹어 버렸어요!" 아기 곰은 말하고 울었어요. 그들은 위층으로 올라갔습니다. "누군가 지금 내 침대에 있어요!" 아기 곰이 화를 내며 말했어요. 그들은 골디락스가 침대에서 자고 있는 것을 봤어요. 그녀는 마침내 잠에서 깨어났습니다. 그녀는 세 마리의 곰이 자기를 빤히 쳐다보고 있는 것을 보았어요. 그녀는 침대에서 뛰쳐나와 가능한 한 빨리 도망갔어요. 그 이후로 골디락스는 모르는 사람의 집에는 절대로 들어가지 않았답니다.

A 1 ⓒ 2 ⓐ 3 ⓑ

해설: 44쪽 3~7번째 줄을 보면 골디락스는 아빠 곰의 침대는 This bed is too hard.(너무 딱딱하다.), 엄마 곰의 침대는 This bed is too soft.(너무 푹신하다.), 아기 곰의 침대는 This bed feels just right.(딱 맞는 느낌이다.)라고 말했어요.

B ⓒ

해설: 44쪽 아래에서 3~4번째 줄을 보면 누군가 자기 죽을 다 먹어 버렸다고 '아기 곰이 말하고 울었다(Baby Bear said and cried)'라는 내용이 나옵니다.

C ⓒ → ⓐ → ⓓ → ⓑ

ⓐ 곰 가족이 집으로 돌아왔다.
ⓑ 골디락스는 잠에서 깨서 도망갔다.
ⓒ 골디락스는 위층으로 올라가 침대를 보았다.
ⓓ 곰 가족은 골디락스가 침대에서 자는 것을 보았다.

10 미운 오리 새끼

p.48-49

엄마 오리가 아기 오리 몇 마리를 낳았습니다. 모든 아이는 한 아이만 빼고 똑같아 보였죠. 그 아이는 회색 깃털을 가지고 있었어요. "넌 다르게 생겼어. 넌 못생겼어." 다른 새끼 오리들이 말했어요. 그들은 그를 미운 오리 새끼라고 불렀어요. 그들은 항상 그를 놀렸습니다. 미운 오리 새끼는 외로워서 떠나기로 결심했어요. "나는 새 가족을 찾을 거야." 날이 추워지고 있었어요. 한 농장에서 미운 오리 새끼는 고양이와 암탉 한 마리를 만났습니다. "이 못생긴 오리를 봐!" 그들은 그를 형편없이 대했어요. "여긴 나를 위한 곳이 아니구나." 미운 오리 새끼는 생각했어요. 그는 농장을 떠났습니다. 그는 떠돌아다녔어요. 추운 겨울이 거의 끝났습니다. 그는 매우 피곤했어요. 그는 한 무리의 아름다운 백조를 연못에서 발견했어요. "우리랑 같이 가지 그래?" 그들이 말했어요. 그들은 부드럽고 하얀 깃털을 가지고 있었어요. "물속에 있는 너 자신을 봐. 너는 우리 중 하나야." 미운 오리 새끼는 연못 속에 있는 자신을 봤습니다. 그는 아름다운 흰색 깃털을 가지고 있었어요. "나는 미운 오리 새끼가 아니야. 난 아름다운 백조야!" 그는 날개를 펼치고 하늘로 날아갔습니다.

A ⓒ

해설: 48쪽 3번째 줄에 He had gray feathers.(그 아이는 회색 깃털을 가지고 있었어요.)라는 설명이 있습니다.

B ⓑ → ⓒ → ⓐ

해설: 미운 오리 새끼는 처음에는 ducklings(새끼 오리들), 그 다음으로는 농장에서 a cat and a hen(고양이와 암탉 한 마리)를, 마지막으로 연못에서 swans(백조들)을 만났어요.

C 1 ○ 2 ○

1 미운 오리 새끼는 새로운 가족을 찾고 싶었다.
2 미운 오리 새끼는 오리가 아니라 백조였다.

11 황금알을 낳는 거위

p.52-53

한 농부와 그의 부인이 있었습니다. 그들은 나이 든 동물들과 함께 농장에서 살았습니다. 그들은 많은 것을 가지고 있지는 않았지만 행복했어요. 그들은 자기 동물들을 사랑했어요. 그들은 열심히 일했죠. 어느 날, 그들은 거위 우리에서 황금알을 하나 보았습니다. "봐! 거위가 황금알을 낳았어!" 매일 거위는 황금알을 하나씩 낳았어요. 그들은 황금알을 시장에 팔아서 새 물건을 샀어요. "우리는 부자야. 우린 더 이상 일할 필요가 없어." 그들은 일하는 것을 그만뒀고 나이 든 동물들을 팔았어요. 갑자기, 우리에는 알이 없었습니다. "거위가 아픈가? 아마 배가 고픈가 봐." 그들은 거위에게 음식을 더 줬지만 여전히 거위는 알을 낳지 않았어요. 얼마 지나지 않아 그들은 돈을 다 써 버렸어요. "황금알이 거위 배 속에 있는 게 틀림없어. 그것들을 꺼내자." 농부가 말했어요. 하지만 거위의 배 속에는 아무것도 없었어요. "우리가 가엾은 거위를 죽였어!" "우리가 정말 미안하구나." 그들은 울었어요. 그들에게 남은 것은 하나도 없었습니다.

A ⓐ

해설: 52쪽 3번째 줄에 They didn't have many things, but they were happy.(그들은 많은 것을 가지고 있지는 않았지만 행복했어요.)라고 나옵니다.

B ⓓ → ⓑ → ⓐ → ⓒ

ⓐ 그들은 일하는 것을 멈췄다.

ⓑ 그들은 새 물건을 샀다.

ⓒ 그들은 거위를 죽였다.

ⓓ 그들은 시장에 황금알을 팔았다.

C ⓑ

해설: 농부와 부인은 황금알이 거위 배 속에 있을 거라고 생각하고 황금알을 얻기 위해 거위를 죽였어요. 따라서 '과한 욕심은 화를 부른다'라는 교훈을 얻을 수 있습니다.

12 해님 달님 ①

p.56-57

엄마, 오빠, 그리고 여동생이 산에서 살았습니다. 하루는 마을에서 잔치가 있었어요. 엄마는 음식 준비를 도우러 떠났습니다. "아무에게도 문을 열어 주지 말거라. 호랑이를 조심해." 엄마는 잔치 후에 잔칫집 주인에게서 떡을 좀 얻었어요. 집으로 돌아가는 길에 그녀는 호랑이와 마주쳤어요. "그 떡을 다오. 넌 안 잡아먹을게." 호랑이가 말했어요. 그녀는 한 조각을 주고 뛰어갔습니다. 호랑이는 엄마를 뒤쫓아가서 말했어요. "그 떡을 다오. 넌 안 잡아먹을게." 금세 떡은 하나도 남지 않았어요. 호랑이는 엄마를 잡아먹었습니다. "아직도 배가 고프군. 아이들을 잡아먹어야겠다." 호랑이는 그들의 집으로 갔습니다. 그는 문을 두드렸어요. "내가 집에 왔다. 문 열렴." 호랑이가 말했어요. "엄마가 왔어." 여동생이 말했어요. "잠깐만! 그건 엄마 목소리가 아니야." 오빠가 말했어요. "그건 내가 감기에 걸려서 그래." 호랑이는 그런 척했습니다. "밖은 추워. 우리 문 열자." 여동생이 말했어요. 그녀는 문을 열었고 호랑이가 들어왔어요. "악! 호랑이다!" 오빠와 여동생은 소리를 질렀어요.

A ⓐ

해설: 57쪽 1번째 줄에서 오빠가 엄마의 목소리가 아니라고 말하자 2번째 줄에서 호랑이가 It's because I have a cold.(그건 내가 감기에 걸려서 그래.)라고 설명했습니다.

B ⓐ Tiger ⓑ Brother ⓒ Sister

ⓐ 내가 집에 왔다.

ⓑ 이건 엄마 목소리가 아니야.

ⓒ 우리 문 열자.

C 1 ○ 2 X

1 호랑이는 엄마를 잡아먹은 후에도 여전히 배가 고팠다.

2 오빠와 여동생은 호랑이에게 문을 열어 주지 않았다.

178

13 해님 달님 ②

p.60-61

14 고양이에게 방울 달기

p.64-65

오빠와 여동생은 도망갔습니다. 그들은 집에서 나왔어요. 그들은 뒤뜰에 있는 나무 한 그루를 봤습니다. 그들은 나무를 타고 올라갔어요. 오빠가 참기름을 부어서 호랑이는 나무에 오를 수 없었습니다. 호랑이는 미끄러졌어요. "바보 호랑이! 너 모르니? 도끼로 올라오는 것이 더 쉬워." 여동생이 경솔하게 말했어요. 호랑이가 도끼로 올라오기 시작했어요. 오빠와 여동생은 도움을 요청하며 기도했어요. "제발 저희를 도와주세요!" 밧줄 하나가 하늘에서 내려왔어요. 그들은 위로 위로 올라갔어요. 호랑이도 기도했고 낡은 밧줄이 하나 내려왔어요. 호랑이도 위로 올라갔지만 밧줄은 갑자기 끊어졌어요. 호랑이는 떨어져서 죽었습니다. 하늘로 올라간 다음, 오빠는 해가 되었고 여동생은 달이 되었어요. 하지만 여동생은 어둠을 무서워했어요. "오빠, 난 어둠이 싫어. 무서워." 여동생이 말했어요. "내가 달이 되는 게 어떨까? 네가 해가 되면 되지." 오빠가 제안했고 그들은 바꿨어요. 결국 여동생은 낮 하늘의 해가 되었고 오빠는 밤하늘의 달이 되었답니다.

A ⓑ

해설: 60쪽 2번째 줄에 They saw a tree in their backyard. They climbed the tree.(그들은 뒤뜰에 있는 나무 한 그루를 봤습니다. 그들은 나무를 타고 올라갔어요.)라고 나와 있어요.

B ⓒ

해설: 60쪽 6~7번째 줄에서 여동생이 미끄러지는 호랑이에게 It's easier to climb up with an axe.(도끼로 올라오는 것이 더 쉬워.)라고 말했어요.

C 1 dark 2 Moon
  1 여동생은 어둠이 무서웠다.
  2 결국 오빠는 달이 되었다.

한 무리의 쥐들이 한 집에 살았어요. 그곳 사람들은 많은 음식을 남겼습니다. 쥐들은 음식에 대해서 걱정할 필요가 전혀 없었죠. 어느 날, 그 집의 주인이 고양이 한 마리를 샀습니다. 그 고양이는 아주 무서웠어요. 고양이는 쥐들을 사냥했고 그들을 하나씩 하나씩 잡아먹었어요. 모든 쥐가 모였습니다. "우리가 무엇을 할 수 있을까요? 이렇게 살 수는 없어요. 우린 계획을 생각해내야 해요." 모든 쥐는 열심히 생각했어요. 한참 동안 침묵이 흘렀습니다. "난 아무 생각이 안 나요." 한 쥐가 말했어요. "전혀 모르겠어요." 다른 쥐가 말했어요. 마침내, 한 젊고 똑똑한 쥐가 제안했어요. "내게 아주 좋은 생각이 있어요. 고양이 목에 방울을 하나 답시다. 그러면 우린 고양이가 어디에 있는지 항상 알 수 있을 거예요." "아주 좋은 생각이네요!" 모든 쥐가 말했어요. 바로 그때, 한 현명한 나이 든 쥐가 말했습니다. "질문이 하나 있네. 누가 고양이 목에 방울을 달 건가?" 아무도 말을 하지 않았습니다.

A ⓑ

ⓐ 사람들이 쥐들과 함께 살아서
ⓑ 사람들이 음식을 많이 남겨서
ⓒ 사람들이 아주 멋진 생각을 가지고 있어서

B ⓒ

해설: 마지막에 나이 든 쥐가 Who is going to hang the bell on the cat's neck?(누가 고양이 목에 방울을 달 건가?) 하고 지적하자 다들 아무 말도 안 했습니다. 따라서 그 제안을 실천할 수 있는 쥐가 없어서 제안은 효과가 없는 거라고 추측할 수 있습니다.

C 1 ○ 2 X
  1 고양이는 쥐들을 사냥해서 먹었다.
  2 젊은 쥐가 고양이 목에 방울을 달았다.

15 젊음의 샘

p.68-69

한 나이 든 부부가 산속에 살았습니다. 그들에게는 아이가 없었어요. 하루는 남편이 나무를 구하러 갔다가 아름다운 연못을 하나 발견했어요. "피곤하네. 잠시 쉬어야겠어." 그는 연못 물을 마셨고 잠이 들었습니다. 그는 젊어졌어요. 잠시 후, 그는 잠에서 깨서 집으로 돌아갔습니다. "뉘시오?" 아내가 물었어요. "난 당신 남편이오. 오! 잠깐만! 난 이제 젊군!" 남편은 놀랐습니다. 그는 그녀에게 연못에 대해 이야기했습니다. 다음 날, 남편은 자기 아내를 연못으로 데려갔어요. 그녀는 물을 마셨습니다. 그녀 또한 젊어졌지요. 한 욕심 많은 노인이 그 이야기를 들었습니다. 그는 연못으로 가서 물을 벌컥벌컥 들이켰어요. "나는 다시 젊어질 거야." 그는 너무 많은 물을 마셔서 아기로 변하고 말았어요. 부부는 연못가에서 아기를 발견했습니다. "이 아기는 우리를 위한 선물이에요." 아내가 말했어요. 그 후로 쭉 그들은 행복하게 살았답니다.

A young

남편은 젊어졌다.

해설: 68쪽 6~7번째 줄을 보면 He drank some pond water and fell asleep. He turned young.(그는 연못 물을 마셨고 잠이 들었습니다. 그는 젊어졌어요.)라는 내용이 있어요.

B ©

해설: 69쪽 2번째 줄에 He drank so much water that he turned into a baby.(그는 너무 많은 물을 마셔서 아기로 변하고 말았어요.)라고 나와 있어요.

C ⓓ → ⓒ → ⓑ → ⓐ

ⓐ 욕심 많은 노인이 아기로 변했다.

ⓑ 아내가 젊어졌다.

ⓒ 남편이 젊어졌다.

ⓓ 남편이 연못 물을 마셨다.

16 마법의 요리 냄비 ①

p.72-73

옛날에 한 엄마와 소녀가 있었습니다. 그들은 매우 가난했어요. 집에 음식이 없었죠. 소녀는 땔감과 산딸기를 구하러 숲에 갔습니다. 날씨는 추웠고 바람이 많이 불었어요. 그녀는 피곤했고 배가 고팠죠. 그녀는 울기 시작했어요. 갑자기 한 나이 든 여인이 나타났습니다. "울지 말렴, 작은 소녀야. 내가 널 도와줄게. 이 냄비를 가져가거라." 나이 든 여인이 말했어요. "배고프면 '요리해, 작은 냄비야, 요리해.'라고 말하렴. 냄비가 가득 차면 '멈춰, 작은 냄비야.'라고 말하거라. 그러면 요리하는 것을 멈출 거란다. 하지만 내게 약속해다오. 이것에 대해 아무에게도 말하면 안 된다." 소녀는 약속했고 집으로 돌아갔습니다. "엄마! 제가 무엇을 얻었는지 보세요." 소녀가 말했어요. 그녀는 냄비를 부엌으로 가져갔어요. 그녀는 속삭였어요. "요리해, 작은 냄비야, 요리해." 냄비는 따뜻한 죽을 만들었습니다. 냄비가 가득 찼을 때, 그녀는 말했어요. "멈춰, 작은 냄비야." 냄비는 바로 그렇게 요리하는 것을 멈췄습니다. "이건 마법이에요! 우리는 더 이상 배고프지 않을 거예요." 소녀와 엄마는 매우 행복했어요.

A ©

해설: 72쪽 3번째 줄에 The girl went to the forest to get firewood and berries.(소녀는 땔감과 산딸기를 구하러 숲에 갔습니다.)라고 나와 있어요.

B 1 poor   2 porridge

1 소녀와 엄마는 가난했다.

2 마법 냄비는 죽을 만들었다.

C 1 Cook, little pot, cook.   2 Stop, little pot.

1 요리해, 작은 냄비야, 요리해.

2 멈춰, 작은 냄비야.

17 마법의 요리 냄비 ②

p.76-77

소녀와 엄마는 매일 마법 냄비를 사용했어요. 그들은 더 이상 배고프지 않았습니다. 엄마는 소녀에게 물었어요. "마법 주문이 뭐니?" "미안해요, 엄마. 하지만 전 아무에게도 말하지 않겠다고 약속했어요." 소녀가 말했어요. 어느 날, 그녀의 엄마는 첫 번째 주문을 우연히 들었습니다. 하지만 두 번째 것은 놓쳤어요. 소녀가 땔감을 위해 집을 나섰을 때, 엄마는 배가 고파졌어요. 그녀는 말했어요. "요리해, 작은 냄비야, 요리해." 냄비는 죽을 만들기 시작했습니다. 하지만 그녀는 그것을 멈추는 방법을 몰랐어요. "요리하는 걸 멈춰." 엄마가 말했지만 냄비는 멈추지 않았어요. 죽이 넘쳐흘렀습니다. 집은 죽으로 가득 차게 되었죠. 바로 그때 소녀가 집으로 돌아왔습니다. 그녀는 소리쳤어요. "멈춰, 작은 냄비야!" 냄비는 바로 그렇게 멈추었습니다. 모든 이웃은 맛있는 음식 냄새를 맡을 수 있었어요. 그들은 소녀의 집으로 와서 맛있는 죽을 즐겼습니다. 모두 매우 행복했어요.

A ⓐ

해설: 76쪽 4번째 줄을 보면 마법 주문을 물어보는 엄마에게 소녀가 But I promised I wouldn't tell anybody.(하지만 전 아무에게도 말하지 않겠다고 약속했어요.)라고 말해요.

B 1 overheard 2 became 3 smelled

   1 소녀의 엄마는 첫 번째 마법 주문을 우연히 들었다.
   2 집은 죽으로 가득 차게 되었다.
   3 이웃들은 맛있는 죽 냄새를 맡았다.

C 1 X 2 ○

   1 소녀의 엄마는 두 개의 마법 주문을 알고 있었다.
   2 마침내 소녀가 마법 냄비를 멈췄다.

18 판도라와 신비한 상자

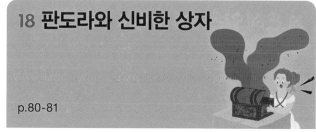

p.80-81

프로메테우스는 불의 신이었습니다. 그는 인류에게 불을 주었죠. 올림포스의 신들의 왕인 제우스는 그것을 좋아하지 않았어요. 제우스는 인간들에게 문제를 일으키기로 결심했습니다. 그는 명령했어요. "진흙으로 여자를 만들어라." 제우스는 진흙으로 만든 여자에게 생명을 주고 그녀를 판도라라고 이름 지었어요. 프로메테우스의 남동생이 그녀와 사랑에 빠졌고 그들은 결혼했어요. 제우스는 판도라에게 상자를 하나 줬어요. 그는 말했어요. "이건 결혼 선물이다. 하지만 절대 그걸 열지 말아라." 판도라는 상자 안에 무엇이 있는지 궁금했어요. 그녀는 점점 더 궁금해졌어요. 판도라는 생각했어요. "왜 제우스 님이 '그걸 열지 말아라'라고 했을까? 무언가 중요한 것이 있는 게 분명해." 그녀는 호기심을 견디지 못하고 상자를 열었어요. 그녀가 그걸 열자마자 사악한 것들과 감정들이 나왔어요. 판도라는 매우 놀라서 상자를 재빨리 닫았어요. 그 후에, 그녀는 상자 안에서 어떤 목소리를 들었어요. "절 나가게 해 주세요. 전 희망이에요. 제가 사람들을 도울 수 있어요." 판도라는 다시 상자를 열었고 희망이 나왔어요. 그래서 우리가 많은 고난을 겪고 있을 때에도 우리는 항상 희망을 가지고 있답니다.

A ⓒ

해설: 80쪽 3번째 줄에 Zeus decided to make trouble for humans.(제우스는 인간들에게 문제를 일으키기로 결심했습니다.)란 문장이 나옵니다.

B 1 curiosity 2 evil

   1 판도라는 호기심 때문에 상자를 열었다.
   2 상자 안에는 사악한 것들이 있었다.

C ⓑ

해설: 81쪽 3번째 줄을 보면 상자 안에서 들린 목소리가 I am hope.(전 희망이에요.)라고 말했습니다.

19 은혜 갚은 호랑이

p.84-85

옛날 옛적에, 한 착한 의사가 있었습니다. 어느 날, 새끼 호랑이 한 마리가 나타나서 도움을 요청했어요. "저희 아빠를 도와주세요, 의사 선생님." 의사는 새끼 호랑이를 따라갔습니다. 큰 호랑이 한 마리가 아파하고 있었어요. 의사는 호랑이의 목구멍에서 커다란 뼈를 하나 발견했어요. 그는 무서웠지만 호랑이의 목구멍에서 뼈를 뽑아냈습니다. "고맙습니다, 의사 선생님. 우리가 당신에게 신세를 졌네요. 언젠가 제가 은혜를 갚겠습니다." 호랑이가 말했어요. 여러 해가 지난 후, 호랑이가 의사를 찾아왔어요. "전 이제 너무 늙었어요. 절 죽이시면 마을에서 포상을 내릴 거예요." 호랑이는 말했어요. "내일 마을로 화살을 가지고 오세요." 호랑이는 약속한 대로 마을에 나타났습니다. 호랑이가 으르렁거렸고 마을에 있던 사람들은 비명을 질렀어요. 의사가 호랑이 앞에 섰습니다. 호랑이는 움직이지 않았어요. 그는 화살을 쏘았고 호랑이는 쓰러졌습니다. 사람들은 그에게 많은 쌀과 돈을 줬어요. 의사는 생각했어요. "호랑이가 정말로 은혜를 갚았구나."

A ⓐ

해설: 84쪽 2번째 줄 a tiger cub appeared and asked for help(새끼 호랑이 한 마리가 나타나서 도움을 요청했어요)에서 답을 알 수 있습니다.

B ⓒ

ⓐ 화살 ⓑ 고기 ⓒ 커다란 뼈
해설: 84쪽 5번째 줄의 The doctor found a big bone in the tiger's throat.(의사는 호랑이의 목구멍에서 커다란 뼈를 하나 발견했어요.)를 통해 '커다란 뼈'가 걸려 있었음을 알 수 있어요.

C 1 X   2 ○

1 새끼 호랑이는 의사에게 쌀과 돈을 주었다.
2 의사는 호랑이에게 화살을 쏘았다.

20 피그말리온 이야기

p.88-89

피그말리온은 조각가였습니다. 그는 세상에서 가장 아름다운 여성을 조각하고 싶었지만, 완벽한 모델을 찾을 수가 없었어요. 그는 자신의 이상적인 여인을 상아로 조각했습니다. 조각상을 완성하자 그는 그것을 갈라테아라고 이름 지었어요. "그녀는 완벽해." 피그말리온이 말했습니다. 그는 그녀와 사랑에 빠졌어요. 그는 조각상인 갈라테아에게 매일 말을 걸었어요. "좋은 아침이에요. 오늘 당신은 아름다워 보이는군요." 그는 또한 그녀에게 다양한 선물을 가져다주었어요. "이건 당신을 위한 거예요. 당신 마음에 들었으면 좋겠네요." 피그말리온은 그녀를 정말 사랑해서 그녀와 결혼하고 싶었습니다. 그는 사랑의 여신인 아프로디테의 신전에 갔어요. 그는 빌고 또 빌었어요. "저는 갈라테아와 결혼하길 원합니다. 제발 제 소원이 이루어지게 해 주세요." 아프로디테는 피그말리온의 소원을 들어주었습니다. 그는 집에 돌아왔을 때 상아 조각상에 입을 맞췄어요. 갑자기 그건 진짜 여인으로 변했어요! "고맙습니다, 아프로디테님! 뭐라고 감사 드려야 할지 모르겠습니다." 피그말리온은 말했어요. 피그말리온과 갈라테아는 결혼해서 그 후로 계속 행복하게 살았습니다.

A ⓒ

해설: 88쪽 1번째 줄에 Pygmalion was a sculptor.(피그말리온은 조각가였습니다.)라고 나와 있습니다.

B ⓐ

해설: 88쪽 2~3번째 줄에서 He wanted to carve the most beautiful woman in the world, but he couldn't find the perfect model.(그는 세상에서 가장 아름다운 여성을 조각하고 싶었지만, 완벽한 모델을 찾을 수가 없었어요.)라고 이유가 설명되어 있어요.

C 1 statue   2 come

1 피그말리온은 자기 조각상과 결혼하길 원했다.
2 아프로디테는 피그말리온의 소원을 이루어지게 해 주었다.

21 아기 돼지 삼형제

p.92-93

22 북풍과 해님

p.96-97

옛날 옛적에 아기 돼지 삼형제가 있었습니다. "집을 떠나 혼자 살 시간이란다." 그들의 엄마가 말했어요. "우리 집을 짓자." 아기 돼지 삼형제가 말했습니다. 첫째 형은 건초로 집을 지었어요. 둘째 형은 나무로 집을 지었어요. 그들은 집 짓는 것을 빨리 끝냈습니다. 막내는 벽돌로 집을 지었어요. 그는 그것을 짓는 데 오랜 시간을 들였습니다. 늑대가 그들을 보고 생각했어요. "맛있어 보이는군." 그는 첫째 돼지의 집으로 갔습니다. 숨 한 번으로 건초 집은 부서졌어요. 첫째 형은 둘째의 집으로 달려갔어요. 늑대는 나무 집을 쉽게 불어서 넘어뜨렸죠. 둘 다 막내 돼지의 집으로 달려갔어요. "들어와!" 막내 돼지가 말했어요. 늑대는 벽돌 집을 불어서 넘어뜨리려고 했어요. 하지만 벽돌 집은 튼튼하게 서 있었습니다. "굴뚝을 통해서 집 안으로 들어가야겠어." 늑대는 말했습니다. "벽난로에서 물을 끓이자!" 막내 돼지가 말했어요. 결국 늑대는 물이 끓는 냄비 안으로 떨어졌습니다.

북풍은 하늘에서 해님을 만났습니다. 북풍은 자기 힘을 자랑하고 싶었어요. 한 남자가 저쪽에서 걸어가고 있었습니다. 그는 코트를 입고 있었어요. 북풍이 말했습니다. "내가 너보다 힘이 더 세." 해님이 물었어요. "정말로 그렇게 생각해?" "물론이지." 북풍이 대답했습니다. "나는 저 사람의 코트를 쉽게 날려 버릴 수 있어. 그러면 내가 이기는 거야." 북풍은 거센 찬 바람을 불기 시작했습니다. 갑자기 날씨가 추워졌어요. "아, 춥네." 남자가 말했어요. 그는 코트를 꽉 잡았습니다. 바람이 더 강해질수록, 그는 코트를 더 꽉 움켜잡았어요. 북풍은 지쳤습니다. 그는 말했어요. "난 더 이상 못 하겠어. 포기할래." "좋아, 이제 내 차례야." 해님이 말했어요. 해님은 미소를 지었습니다. 해님은 따뜻한 얼굴을 보여 줬어요. 날씨가 더워졌습니다. 해님은 밝게 빛났어요. 남자는 땀을 흘렸습니다. "아주 덥군!" 남자가 말했어요. 그는 코트를 벗었습니다. 해님이 이겼어요!

A 1 ⓑ 2 ⓒ 3 ⓐ

해설: 92쪽 4~7번째 줄을 보면 첫째 형은 hay(건초)로, 둘째 형은 wood(나무)로, 막내는 bricks(벽돌)로 집을 지었음을 알 수 있습니다.

B ⓒ

해설: 92쪽 6번째 줄의 They finished building their houses quickly.(그들은 집 짓는 것을 빨리 끝냈습니다.)와 8번째 줄의 He spent a long time building it.(그는 그것을 짓는 데 오랜 시간을 들였습니다.)을 통해 막내 돼지가 집을 짓는 데 오래 걸렸음을 알 수 있습니다.

C 1 ○ 2 ○

1 나무 집은 튼튼하지 않았다.
2 늑대는 벽돌 집을 불어서 넘어뜨릴 수 없었다.

A ⓒ

해설: 96쪽 8번째 줄에서 북풍이 I can blow away his coat easily. Then, I win.(나는 저 사람의 코트를 쉽게 날려 버릴 수 있어. 그러면 내가 이기는 거야.)라고 말했습니다.

B 1 took 2 gave up

1 남자는 더워서 코트를 벗었다.
2 결국 북풍은 포기했다.

C ⓑ

해설: 미소와 함께 따뜻한 얼굴을 보여 준 해님이 거센 찬 바람을 가진 북풍을 이겼다는 점에서 '부드러움이 강함을 이길 수 있다'라는 교훈을 얻을 수 있습니다.

23 사자와 쥐

p.100-101

사자가 자고 있었습니다. 작은 쥐가 그에게 예기치 않게 올라왔어요. 쥐는 그것이 사자라는 것을 깨닫고 도망가려고 했어요. 하지만 실수로 그는 사자의 얼굴을 가로질러 달려갔어요. 사자는 눈 한쪽을 뜨고는 그의 발을 쥐 위에 올려 놓았습니다. "제발 용서해 주세요! 제발 절 가게 해 주세요! 언젠가 제가 은혜를 갚겠습니다." 쥐가 애원했어요. 사자는 쥐를 비웃었어요. "너같이 작은 쥐가 어떻게 나를 돕는단 말이냐? 나는 밀림의 왕인데. 저리 가라." 그는 쥐를 가게 해 주었어요. 어느 날, 사냥을 하고 있을 때 사자는 그물에 잡혔습니다. 그는 자기 자신을 빼낼 수가 없어서 매우 화가 났어요. 그는 울부짖었어요. 쥐가 그의 목소리를 듣고 도와주러 왔습니다. 사자는 그물 속에서 몸부림을 치고 있었어요. "가만히 계세요. 제가 도와드릴게요." 쥐가 말했어요. 그는 그물을 물어뜯었고 곧 사자는 자유로워졌어요. "고맙구나." 사자가 말했어요. 쥐는 말했습니다. "당신은 전에 비웃었지만, 작은 쥐도 밀림의 왕을 도울 수 있답니다."

A ⓐ

해설: 100쪽 아래에서 7번째 줄의 How can a little mouse like you help me?(너같이 작은 쥐가 어떻게 나를 돕는단 말이냐?)란 말에서 보듯, 사자는 쥐의 도움을 받을 일이 없다고 생각했어요.

B ⓒ

해설: 사자는 쥐가 작아서 자신을 못 도울 거라고 비웃었지만 결국 쥐는 그물에 걸린 사자를 구출해냈어요. 따라서 '항상 겸손해야 한다'라는 교훈을 얻을 수 있습니다.

C ⓓ → ⓑ → ⓐ → ⓒ

ⓐ 사자가 그물에 잡혔다.
ⓑ 사자는 쥐를 가게 해 주었다.
ⓒ 쥐는 사자를 위해 그물을 물어뜯었다.
ⓓ 쥐가 사자에 올라탔다.

24 임금님의 새 옷 ①

p.104-105

옛날 옛적에, 한 부유한 왕국에 왕이 있었습니다. 그는 패션에 매우 관심이 많았고 항상 새 옷을 입고 싶어했어요. "그건 어제 입었다. 뭔가 다른 건 없느냐? 내게 새 옷을 가져오너라." 그의 재단사들은 새 옷을 만드느라 항상 바빴어요. 어느 날, 두 명의 이방인이 나타났습니다. 그들은 말했어요. "폐하, 저희가 가장 특별한 옷을 만들어 드릴 수 있습니다. 현명한 사람들만이 그것을 입을 자격이 있지요. 멍청한 사람들은 그걸 볼 수조차 없습니다." "멋지구나!" 왕은 그들에게 옷을 만들라고 명령했어요. 두 남자는 밤낮으로 일하는 것 같았어요. 왕의 신하들이 그들을 확인하러 갔지만 그들은 아무것도 보지 못했습니다. 그들 중 한 사람이 말했어요. "보세요. 거의 다 했습니다. 옷이 안 보이시나요?" 왕의 신하들은 각각 생각했어요. "내가 바보가 될 수는 없지." 그들은 옷을 본 척했어요. "와, 멋져 보이네요!" 그들은 왕에게 거짓말을 했어요. "폐하, 그들은 가장 멋진 옷을 만들고 있습니다."

A ⓒ

해설: garments와 clothes는 둘 다 '의류, 옷'이라는 뜻이에요.

B ⓒ

해설: 104쪽 아래에서 6번째 줄에서 두 남자는 멍청한 사람들에게는 옷이 안 보인다고 했습니다. 옷이 안 보인다고 하면 자기가 멍청한 것이라고 인정하는 셈이 되므로, 왕의 신하들은 105쪽 3번째 줄에서 I can't be dumb.(내가 바보가 될 수는 없지.)라고 생각했어요.

C 1 new   2 lied

1 왕은 항상 새 옷을 입고 싶어 했다.
2 왕의 신하들은 왕에게 거짓말을 했다.

25 임금님의 새 옷 ②

p.108-109

　마침내 두 남자는 왕에게 갔습니다. 그들은 말했어요. "폐하, 모든 것이 다 준비되었습니다." 왕은 아무 옷도 보지 못했어요. 그는 당황했습니다. "다른 사람들은 모두 뭔가를 볼 수 있단 말인가? 내가 바보가 될 수는 없지." 그는 생각했어요. 왕 역시 옷을 볼 수 있는 척했어요. "멋지구나!" 왕은 말했어요. 그는 두 남자에게 많은 돈을 주었고 그들은 마을을 떠났습니다. "폐하, 매우 멋있어 보이십니다." 왕 주변의 모든 사람이 말했어요. 그들 역시 왕이 무언가를 입고 있는 척했습니다. 그들 중 하나가 말했어요. "행진을 하러 시내로 나가실 시간입니다. 백성들은 폐하의 새 옷에 매우 감명을 받을 것이옵니다." 행진 중에 거리에 있던 모든 사람은 충격을 받았습니다. 그들은 서로 속삭였어요. "난 아무 옷도 안 보이는데." 하지만 그들은 감히 어떤 말도 하지 못했어요. 갑자기 군중 속에서 한 아이가 소리쳤어요. "임금님 좀 봐! 옷을 안 입고 있어!" 모두 웃기 시작했어요. 왕은 궁전으로 급히 달려서 돌아갔답니다.

A ⓑ

　ⓐ 멋지구나!
　ⓑ 내가 바보가 될 수는 없지.
　ⓒ 멋져 보이는구나.
해설: 108쪽 4~5번째 줄에 I can't be the dumb one.이라는 왕의 생각이 나옵니다.

B ⓐ

해설: 109쪽 4~5번째 줄을 보면 Suddenly, a kid in the crowd shouted, "Look at the king! He is not wearing any clothes!"(갑자기 군중 속에서 한 아이가 소리쳤어요. "임금님 좀 봐! 옷을 안 입고 있어!")라고 나옵니다.

C ⓑ

해설: 왕은 바보처럼 보일까 봐 옷이 안 보이는데도 보이는 척했다가 행진에서 망신을 당했습니다. 따라서 '솔직하게 말하는 것이 중요하다'라는 교훈을 얻을 수 있어요.

26 이카루스의 날개

p.112-113

　다이달로스는 감옥을 설계한 건축가였어요. 어느 날, 미노스 왕의 적이 감옥에서 탈출했습니다. 미노스 왕은 매우 화가 났어요. 그는 다이달로스와 그의 아들 이카루스를 같은 감옥에 넣었어요. 그곳은 바다를 내려다보고 있었죠. 하루는 다이달로스가 바닥에서 깃털 몇 개를 보았어요. "바로 이거야! 우린 이 깃털로 날개를 만들어서 탈출할 수 있어." 다이달로스가 말했어요. 그는 밀랍으로 깃털들을 붙였어요. 그는 큰 날개를 만들었습니다. 그들이 떠나기 전, 그는 이카루스에게 경고했어요. "바다와 태양 사이로만 날아라." 이카루스가 물었어요. "아버지, 왜 제가 더 높이 날면 안 되나요?" "너무 태양에 가깝게 날면 태양의 열이 밀랍을 녹일 거고 넌 떨어질 거야." 다이달로스가 말했습니다. 그들은 뛰어내려 날기 시작했어요. 이카루스는 날자마자 자신감이 생겼습니다. "난 태양으로 날고 싶어. 더 높이 올라갈래." 이카루스는 말했어요. 그가 더 높이 날아오를수록, 밀랍은 더 많이 녹았어요. 마침내 그는 바다에 떨어지고 말았습니다.

A 1 architect　2 glue　3 confident
　1 이카루스의 아버지는 건축가였다.
　2 밀랍은 풀처럼 작용했다.
　3 이카루스는 날자마자 자신감이 생겼다.

B ⓑ

해설: 112쪽 아래에서 5~6번째 줄을 보면 다이달로스는 이카루스에게 Fly only between the sea and the sun.(바다와 태양 사이로만 날아라.)라고 경고했습니다.

C 1 X　2 O
　1 미노스 왕은 감옥을 설계했다.
　2 태양의 열이 밀랍을 녹였다.

27 포도밭의 여우

p.116-117

　여우 한 마리가 포도밭을 지나가고 있었습니다. 그는 크고 맛있어 보이는 포도를 보았어요. 그의 입에 침이 고이기 시작했죠. 하지만 포도밭은 높고 두꺼운 울타리로 둘러싸여 있었습니다. 그는 그 주위를 걷다가 작은 구멍을 하나 발견했어요. 그것은 매우 마른 여우에게나 겨우 맞을 만큼만 컸습니다. 여우는 생각했어요. "좋아. 먹는 걸 멈춰야겠어. 그러면 구멍을 통과할 수 있을 거야." 그는 사흘 동안 단식했습니다. 그는 가까스로 구멍을 빠져나갔어요. "너무 배고파." 그는 포도를 먹기 시작했습니다. 그의 배는 점점 더 커졌어요. 그가 포도를 충분히 먹었을 때, 그는 그 구멍에 들어가기에는 너무 컸어요. 그는 중간에 끼고 말았죠. "흠, 내가 포도를 너무 많이 먹었나? 어떡하지?" 그는 다시 단식을 해야 한다는 결론에 이르렀어요. 사흘의 단식 후, 그는 그 구멍을 통과할 수 있었습니다. 그는 한숨을 내쉬었어요. "포도밭에 다녀왔는데 아무것도 바뀐 게 없구나. 난 여전히 배가 고파."

A ⓒ

해설: 116쪽 7~8번째 줄을 보면 여우는 I will stop eating, and then I can go through the hole.(먹는 걸 멈춰야겠어. 그러면 구멍을 통과할 수 있을 거야.)이라고 생각했어요.

B 1 water　2 big
　1 포도를 본 후 여우의 입에 침이 고이기 시작했다.
　2 울타리의 구멍은 마른 여우만 들어갈 만큼만 컸다.

C ⓐ

해설: 여우는 구멍을 빠져나가기 위해 포도를 먹고도 또 굶어야 했어요. 117쪽 맨 마지막 줄을 보면 여우가 I am still hungry.(난 여전히 배가 고파.)라고 말합니다.

28 호랑이와 토끼

p.120-121

　어느 날 토끼가 호랑이와 우연히 마주쳤습니다. "잘됐다. 배고팠는데." 호랑이가 말했어요. "널 먹어야겠다." 토끼가 말했어요. "제가 더 맛있는 음식을 요리해 드릴게요. 돌 떡을 먹어 본 적 있으세요?" "아니, 내게 보여 줘라." 호랑이가 요구했어요. 토끼는 돌을 가져다가 불을 피웠습니다. "그게 구워질 때까지 기다리세요. 꿀이랑 먹으면 아주 맛있어요. 제가 꿀을 좀 구해 올게요." 토끼는 말하고 도망갔어요. 호랑이는 너무 배고파서 기다릴 수가 없었어요. 그는 그 돌을 잡았어요. "악! 너무 뜨거워!" 그는 비명을 질렀습니다. 그는 화상을 입었어요. 그들은 겨울에 연못 근처에서 다시 만났어요. "넌 저번에 나를 속였어." 호랑이가 말했어요. "무슨 말씀하시는 거예요? 호랑이님이 일찍 가셨잖아요." 토끼가 대답했어요. 토끼는 덧붙였어요. "전에 물고기를 먹어 본 적 있으세요? 물속에 꼬리를 넣고 기다리세요. 꼬리로 물고기를 잡을 수 있어요." "정말이냐? 그렇게 하겠다." 호랑이가 말했어요. 그는 연못에 꼬리를 넣었어요. 그가 자기 꼬리가 얼었다는 것을 깨달았을 때는 너무 늦었습니다. 호랑이는 움직일 수 없었고 토끼는 다시 도망쳤어요.

A stone rice cake, fish

해설: 120쪽에서 3~4번째 줄에서 토끼가 돌 떡(stone rice cake)을 먹어 봤는지 물어봤고, 121쪽 1번째 줄에서 물고기(fish)를 먹어 봤는지 물어봤어요.

B 1 fish　2 burned
　1 호랑이는 물고기를 잡으려고 꼬리를 연못에 넣었다.
　2 호랑이는 뜨거운 돌을 잡았고 화상을 입었다.

C ⓐ

해설: 호랑이는 토끼의 말을 제대로 알아보지도 않고 곧이곧대로 믿었습니다. 이것으로 보아 호랑이는 귀가 얇고 조심성이 없는 성격임을 알 수 있어요.

29 우렁이 각시 ①

p.124-125

옛날 옛적에, 결혼을 안 한 농부가 있었습니다. 하루는 그가 밭에서 일하고 있었어요. 그는 한숨을 쉬며 말했어요. "이렇게 열심히 일해 봤자 무슨 소용이 있지? 난 아내도 없는걸." 갑자기 한 여자의 목소리가 들렸습니다. "나랑 같이 살면 되죠. 제가 당신의 일을 도와드릴게요." 그는 주위를 둘러보았지만, 큰 우렁이를 제외하고는 아무도 없었어요. 그는 생각했어요. "오늘 날이 덥네. 우렁이가 죽을지도 몰라." 그는 우렁이를 집에 데리고 와서 항아리에 넣었어요. 그러고 나서 이상한 일들이 일어나기 시작했습니다. 그가 밭에서 일하고 집으로 돌아왔을 때, 집은 깨끗했고 그를 위한 음식이 있었어요. "누가 날 위해 이 모든 일을 해 줬을까?" 그는 궁금했어요. 그는 나가는 척하고 문 뒤에 숨었습니다. 우렁이가 아름다운 여인으로 변해 항아리 밖으로 나왔어요. 농부는 매우 놀랐습니다. 그는 물었어요. "누구세요?" "저는 용왕님의 딸이에요. 당신이 절 구해 주셔서 은혜를 갚고 싶었답니다." 여인이 말했어요. 그들은 사랑에 빠졌고 곧 결혼했습니다.

A ⓑ

해설: 124쪽 9번째 줄을 보면 농부가 It's hot today. The pond snail could die.(오늘 날이 덥네. 우렁이가 죽을지도 몰라.)라고 생각하고는 우렁이를 집으로 데려왔습니다.

B ⓒ

해설: 124쪽 아래에서 4~5번째 줄의 his house was clean(집은 깨끗했어요)에서 ⓑ를, there was food for him(그를 위한 음식이 있었어요)에서 ⓐ를 알 수 있지만, 장작을 구해 왔다는 이야기는 없습니다.

C 1 rescued 2 jar

1 농부는 우렁이를 구조했다.
2 농부는 우렁이를 항아리에 넣었다.

30 우렁이 각시 ②

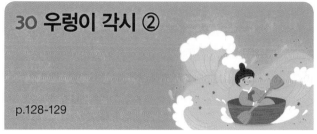

p.128-129

며칠 후, 새로운 사또가 마을에 왔습니다. 그는 농부의 아름다운 아내에 대해 들었어요. 그는 그녀와 결혼하고 싶었어요. 사또는 농부에게 도전했습니다. "내가 세 개의 도전에서 이기면 네 아내와 결혼하겠다." 첫 번째 도전은 나무 더 빨리 심기였어요. "걱정 마세요. 아버지께서 당신을 도와주실 거예요." 아내는 용왕인 자기 아버지에게 도움을 요청했습니다. 그녀의 아버지는 신하들을 보내 먼저 일을 끝냈어요. 두 번째 도전은 말 경주였습니다. 사또는 강한 말과 함께 등장했어요. 용왕은 농부에게 더 강하고 더 빠른 말을 보냈죠. 사또는 또 졌어요. 세 번째 도전은 배 경주였습니다. 당연히 용왕은 농부의 배를 더 빨리 가게 도와주었어요. 그는 사또의 배에는 폭풍을 보냈죠. 농부의 승리였어요. 사또는 생각했습니다. "농부에게 신비한 힘이 있는 게 분명해." 그는 패배를 인정했어요. "네가 이겼다. 난 포기하겠다." 그 후로 농부와 그의 아내는 행복하게 살았답니다.

A ⓑ

해설: 128쪽 3~5번째 줄을 보면 사또가 농부에게 도전한 이유를 알 수 있습니다. 특히 If I win three challenges, I will marry your wife.(내가 세 개의 도전에서 이기면 네 부인과 결혼하겠다.)라는 사또의 말에서 그 이유가 확실히 드러납니다.

B ⓒ

ⓐ 강한 말 ⓑ 그의 신비한 힘 ⓒ 용왕

해설: 용왕(sea god)이 나무를 심을 신하들을 보내 주고, 강한 말을 보내 주고, 배를 빨리 가게 도움을 줘서 농부는 모든 도전에서 이길 수 있었어요.

C 1 ○ 2 ✕

1 용왕은 사또의 배에 폭풍을 보냈다.
2 결국 농부는 패배를 인정했다.

31 구두 만드는 사람과 요정들

p.132-133

옛날에 구두를 만드는 부부가 있었습니다. 그들은 착한 사람들이었지만 가난했어요. 그들은 구두 한 켤레를 만들 만큼의 가죽만 가지고 있었어요. 그들은 그것을 깔끔하게 자른 후 옆에 두었습니다. "내일 구두를 만듭시다." 남편이 말했어요. 다음 날 아침, 탁자 위에는 아름다운 구두가 한 켤레 있었습니다. 한 여인이 그들의 구두 가게로 들어와서 그 구두를 샀어요. "이 구두는 멋지군요. 내가 사겠어요." 부부는 그 돈으로 더 많은 가죽을 샀어요. "누가 우리에게 구두를 만들어 주었을까?" 그들은 생각했어요. 그들은 문 뒤에 숨어서 기다렸어요. 두 명의 작은 요정이 나타나서 구두를 만들기 시작했어요. 모든 작업이 끝나자 그들은 사라졌죠. 매일 밤마다 요정들이 와서 그들에게 구두를 만들어 주었습니다. 그들의 구두 가게는 인기가 많아졌어요. 크리스마스가 다가오고 있었습니다. "크리스마스 때 요정들에게 새 옷을 만들어 줍시다." 아내가 제안했어요. 그들은 요정들에게 꼭 알맞은 작은 옷과 구두를 만들어 주었어요. 그날 밤, 요정들은 탁자에 있는 선물을 보았습니다. 그들은 기쁨에 미소 지었어요. 그들은 새 옷을 입고 날아갔습니다.

A ⓒ

해설: 132쪽 2번째 줄의 They were good people but poor.에서 ⓐ를, 133쪽 4번째 줄의 They made perfect little clothes and shoes for the elves.에서 ⓑ를 알 수 있지만, ⓒ와 관련된 내용은 없습니다.

B ⓒ

ⓐ 구두 만드는 사람 ⓑ 한 여인 ⓒ 두 요정들
해설: 132쪽 아래에서 2번째 줄에 관련된 내용이 있습니다.

C ⓑ → ⓓ → ⓐ → ⓒ

ⓐ 구두 만드는 사람들의 가게는 인기가 많아졌다.
ⓑ 구두 만드는 부부가 구두를 위한 가죽을 잘랐다.
ⓒ 구두 만드는 부부는 요정들에게 선물을 주었다.
ⓓ 새로운 구두 한 켤레가 탁자 위에 있었다.

---

32 미다스 왕과 황금의 손

p.136-137

미다스 왕은 돈과 보물을 매우 좋아했습니다. 그는 보석을 쳐다보면서 많은 시간을 보냈어요. 어느 날 그는 한 나이 든 방랑자를 발견했는데, 그는 수확의 신의 아버지였습니다. 미다스는 그를 극진히 대접했어요. 수확의 신은 미다스에게 보상을 제안했습니다. "네가 바라는 것은 무엇이든지 내가 주겠다." 미다스가 말했어요. "제가 만지는 것은 무엇이든 황금으로 변하게 하고 싶습니다. 전 더 많은 황금을 원합니다." 그의 소원은 이루어졌어요. 그는 자기의 새로운 힘을 시험해 보았습니다. 그는 정원에 있는 모든 장미를 만졌고 그것들은 모두 황금이 되었어요. "참으로 대단한 힘을 내가 가지고 있구나!" 그는 기뻤습니다. 하지만 곧 그 축복은 저주로 변했어요. 그는 아무것도 먹지도 마시지도 못했어요. 모든 음식이 그의 손에서 황금으로 변해 버렸죠. 심지어 그의 사랑스러운 딸도 황금으로 변했어요! "내가 무슨 짓을 한 거지?" 그는 자기 소원을 후회했고 수확의 신에게 애원했습니다. "제발 제 힘을 가져가시고 딸을 제게 돌려 주세요." 그의 새로운 소원은 이루어졌어요. 미다스 왕은 다시는 욕심을 부리지 않았답니다.

A ⓒ

해설: 136쪽 1번째 줄에 King Midas loved money and treasure.(미다스 왕은 돈과 보물을 매우 좋아했습니다.)라고 나와 있습니다.

B ⓐ

해설: 미다스 왕은 더 많은 황금을 원해서 욕심을 부리다가, 손에 닿은 모든 것이 황금으로 바뀌는 바람에 먹지도 마시지도 못하고 딸도 잃었습니다. 따라서 '지나친 욕심을 부리지 말아야 한다'라는 교훈을 얻을 수 있습니다.

C ⓑ → ⓓ → ⓐ → ⓒ

ⓐ 미다스 왕이 만진 건 모두 황금이 되었다.
ⓑ 미다스 왕이 수확의 신의 아버지를 잘 대접했다.
ⓒ 미다스 왕은 자신의 소원을 후회했다.
ⓓ 미다스 왕은 더 많은 황금을 원했다.

33 아서 왕과 엑스칼리버

p.140-141

우서 왕이 아들을 낳았을 때, 그는 그 아기를 아서라고 이름 지었습니다. 왕에게는 적이 많았어요. 마법사이자 왕의 친구인 멀린은 안전을 위해 아서를 멀리 보냈습니다. 아서는 케이라는 이름의 소년과 함께 자랐어요. 아서가 열다섯 살이 되었을 때 우서 왕이 살해당했습니다. 그는 죽기 전에 말했어요. "누구든지 바위에서 엑스칼리버 칼을 뽑는 사람이 왕이 될 것이다." 모든 귀족과 기사가 그 칼을 뽑으러 왔지만 그들은 실패했어요. 어느 날, 토너먼트 경기가 있었습니다. 토너먼트 중에 케이의 칼이 부러졌어요. "아서, 내게 새 칼을 구해줘." 케이가 부탁했어요. 아서는 칼을 찾고 있을 때 돌 속에 있는 엑스칼리버를 알아차렸습니다. "오, 누가 칼을 저기에 놓고 갔네. 내가 저걸 빌려야겠어." 칼은 부드럽고 쉽게 빠져나왔어요. "저 젊은 청년을 봐. 그가 칼을 꺼냈어!" 모든 사람이 충격을 받았어요. 멀린은 군중 속에서 나와서 말했습니다. "아서는 우서 왕의 외동아들입니다. 그가 우리의 진정한 왕입니다." "왕이여, 만수무강하십시오!" 모두가 환호했어요.

A ⓑ

해설: 140쪽 3~4번째 줄에 Merlin, a wizard and the king's friend, sent Arthur away for his safety.(마법사이자 왕의 친구인 멀린은 안전을 위해 아서를 멀리 보냈습니다.)라는 문장이 있습니다.

B 1 ⓒ 2 ⓐ 3 ⓑ

1 우서 — ⓒ 아서의 아버지

2 멀린 — ⓐ 마법사

3 아서 — ⓑ 우서 왕의 아들

C 1 X 2 O

1 아서는 멀린과 함께 자랐다.

2 아서는 돌 속의 칼을 뽑았다.

34 임금님 귀는 당나귀 귀 ①

p.144-145

옛날 옛적에, 왕이 한 명 있었습니다. 그는 백성에게 존경을 받았지만 그에게는 비밀이 하나 있었습니다. 그의 귀가 매일 점점 크게 자랐던 것이죠. 그는 나이 많은 왕관 제작자를 불러서 명령했습니다. "내 귀를 가리는 높은 왕관을 만들어라." 노인은 놀랐지만 왕을 보고 웃을 수는 없었어요. "누구에게도 말하면 안 된다. 내 비밀을 지키거라. 그렇지 않으면 너는 죽을 것이다." 왕이 말했어요. "맹세합니다. 아무에게도 말하지 않겠습니다." 노인이 말했어요. 그는 왕에게 새 황금 왕관을 만들어 주었습니다. 왕에 대해 생각할 때마다 그는 웃는 것을 멈출 수가 없었어요. "왕은 당나귀 귀를 가지고 있는데 나를 빼고는 아무도 모르는구나." 왕의 왕관은 점점 더 높아졌어요. 사람들은 말했어요. "임금님이 더 현명해질수록, 왕관이 더 높아지는구나." 노인은 그 이야기를 듣고 너무 많이 웃었어요. 그는 더 이상 견딜 수가 없었죠. 그는 비밀을 말하고 싶었습니다.

A ⓒ

해설: 144쪽 3번째 줄에 His ears grew bigger every day.(그의 귀가 매일 점점 크게 자랐던 것이죠.)라는 내용이 있습니다.

B 1 laughed 2 bigger

1 왕관 제작자는 왕에 대해 생각할 때마다 웃었다.

2 왕의 귀는 매일 더 크게 자랐다.

C ⓐ

해설: 144쪽 5번째 줄의 Make a tall crown to cover my ears.(내 귀를 가리는 높은 왕관을 만들어라.)에서 ⓑ를, 8번째 줄의 Keep my secret.(내 비밀을 지키거라.)에서 ⓒ를 알 수 있지만, 자기를 보고 웃지 말라고 명령했다는 내용은 없습니다.

35 임금님 귀는 당나귀 귀 ②

p.148-149

나이 많은 왕관 제작자는 대나무 밭으로 갔습니다. 거기에는 아무도 없었어요. 그는 소리쳤어요. "임금님은 당나귀 귀를 가졌다!" 그는 기분이 좀 나아져서 집에 갔어요. 매번 그가 비밀을 말하고 싶어질 때마다 그는 대나무 밭으로 갔어요. 그는 "임금님은 당나귀 귀를 가졌다!"라고 계속해서 소리쳤어요. 어느 날, 어떤 소리가 대나무 밭에서 나오기 시작했어요. "저거 들려요? 뭐라고 말하고 있는 거지?" 사람들은 그것을 주의 깊게 들었어요. 그건 바로 '임금님은 당나귀 귀를 가졌다'였습니다. 소문은 빠르게 퍼졌어요. 이제 나라의 모든 이가 왕의 귀에 대해서 알게 되었어요. 결국 왕은 자신의 비밀을 발표하기로 결심했습니다. "나는 큰 귀를 가졌다. 가여운 노인은 내 비밀을 지키지 않았지만 난 그를 용서하겠다." 왕은 마음이 놓였어요. 그는 이것을 사람들에게 더 빨리 이야기하지 않은 것을 후회했어요. 그는 백성들의 이야기를 잘 듣고 나라를 평화롭게 다스렸답니다.

A ⓒ

해설: 148쪽 아래에서 3번째 줄에 It was "The king has donkey ears."(그건 바로 '임금님은 당나귀 귀를 가졌다'였습니다.)라고 설명되어 있어요.

B ⓒ

해설: 149쪽 4번째 줄을 보면 비밀을 발표한 후에 The king felt relieved.(왕은 마음이 놓였어요.)라는 내용이 있어요.

C 1 spread 2 secret
  1 왕의 귀에 대한 소문은 빨리 퍼졌다.
  2 왕관 제작자는 비밀을 지키지 않았다.

36 콜럼버스의 달걀

p.152-153

크리스토퍼 콜럼버스는 새로운 대륙을 발견하고 스페인으로 돌아갔습니다. 그의 업적을 축하하기 위해 파티가 열렸습니다. 어떤 사람들은 그를 칭찬했어요. 하지만 질투하는 다른 사람들도 있었죠. "계속 서쪽으로 가면 새 땅을 발견할 거예요. 그걸 누가 못 하겠어요?" 그들은 그것이 대단한 발견이라고 생각하지 않았습니다. 콜럼버스는 조용히 그들의 이야기를 들었어요. 갑자기 그가 말했어요. "제가 여기 달걀을 하나 가지고 있습니다. 누가 이 달걀을 세울 수 있습니까?" 모든 사람이 시도했지만 아무도 그렇게 할 수 없었습니다. 그들은 말했어요. "달걀은 둥글어요. 그건 불가능해요." 사람들은 포기했습니다. 콜럼버스는 달걀을 가져다가 테이블에 톡톡 쳤어요. 그는 끝부분을 평평하게 만든 다음 달걀이 서게 했죠. "뭐야? 그걸 누가 못해요?" 사람들이 말했어요. 콜럼버스는 그들에게 말했습니다. "일단 누군가가 어떻게 하는지 보여 주고 난 후에는, 그 일은 쉬워집니다. 누구나 그 사람을 따라할 수 있어요. 하지만 모두가 그것을 어떻게 하는지 첫 번째로 생각해 낼 수 있는 건 아니죠."

A ⓐ

  ⓐ 콜럼버스의 발견
  ⓑ 콜럼버스의 달걀
  ⓒ 콜럼버스의 생각

B ⓒ

해설: 152쪽 마지막 줄과 153쪽 1번째 줄을 보면 Columbus took the egg and tapped it on the table. He flattened the tip and made it stand up.(콜럼버스는 달걀을 가져다가 테이블에 톡톡 쳤어요. 그는 끝부분을 평평하게 만든 다음 달걀이 서게 했죠.)라고 나와 있습니다.

C ⓑ

해설: 달걀 세우기를 통해 콜럼버스는 자기가 한 일이 쉬워 보이지만, 막상 방법을 생각해 내서 행하기는 어렵다는 이야기를 하고 있습니다.

37 학자와 상인들

p.156-157

38 아킬레스의 발뒤꿈치

p.160-161

한 학자가 배로 여행하고 있었습니다. 배 위에는 많은 상인이 타고 있었어요. 상인들은 그들의 상품에 대해 자랑했습니다. "이것들은 귀중한 보석이오. 난 부자가 될 거요." "이건 세상에서 가장 비싼 비단이라오." 그들은 그들의 귀중품에 대해서만 이야기했어요. "당신의 상품은 어디에 있소?" 그들 중 한 사람이 학자에게 물었습니다. "아무것도 안 보이는데." "오, 제 상품은 당신들 것보다 훨씬 더 훌륭합니다. 제가 보여 드릴 수 없어서 안타깝군요." 학자는 말했어요. 모든 상인은 그를 비웃었습니다. 그날 밤, 해적들이 배를 공격했어요. 그들은 배를 파괴하고 모든 것을 훔쳤죠. 승객들은 가장 가까운 육지로 가까스로 수영해 갔어요. 상인들은 모든 상품을 잃고 거지가 되었어요. 하지만 학자는 학교에서 선생님이 되었죠. 마을의 모든 이가 그의 지식과 현명함 때문에 그를 존경했습니다. 상인들은 말했어요. "학자의 말이 맞았어. 아무도 지식과 현명함은 훔칠 수 없지. 그것들이 가장 안전하고 훌륭한 상품이야."

아킬레스는 그리스의 위대한 전사였습니다. 그의 어머니는 바다 신의 딸이었어요. 아킬레스가 태어났을 때 그녀는 그를 죽지 않게 만들고 싶었습니다. 그녀는 그를 스틱스 강에 담갔어요. 그 강에는 사람을 죽지 않게 만드는 힘이 있었죠. 그녀가 말했어요. "너는 가장 강한 전사가 될 것이다. 아무도 너를 무찌르지 못할 것이다." 어머니가 그의 왼쪽 발뒤꿈치로 그를 잡았기 때문에 그 부분은 강에 닿지 않았습니다. 그것은 그의 약점이 되었어요. 아킬레스는 자라서 가장 위대한 전사가 되었습니다. 트로이 전쟁 동안 그는 많은 전투에서 이겼고 많은 트로이 사람들을 물리쳤죠. 트로이 사람들은 전쟁을 정말로 이기고 싶었어요. 그러기 위해서 그들은 아킬레스를 막아야 했어요. "우리는 방법을 찾아야 해." 파리스라는 트로이의 왕자가 그의 약점에 대해 알아냈습니다. "우리는 마침내 이 전쟁에서 이길 것이다." 파리스가 말했어요. 전투 중에 파리스는 독이 묻은 화살을 아킬레스의 왼쪽 발뒤꿈치에 쏘았습니다. 위대한 전사 아킬레스는 땅에 쓰러져서 죽고 말았습니다.

A ⓑ

해설: 156쪽 3번째 줄에 The merchants bragged about their goods.(상인들은 그들의 상품에 대해 자랑했습니다.)라는 내용이 있습니다.

B ⓐ

해설: 이야기 맨 마지막에 상인들이 하는 말이 이야기의 교훈을 드러내고 있습니다. 157쪽 5~7번째 줄을 보면 지식과 현명함은 훔칠 수 없기 때문에 그것들이 가장 안전하고 귀중한 상품이라고 말하고 있어요.

C 1 X 2 ○

1 모든 상인은 새로운 육지에서 선생님이 되었다.
2 학자는 많은 상인과 함께 여행하고 있었다.

A ⓑ

해설: 160쪽 9번째 줄의 His mother held him by his left heel, so it didn't touch the river.(어머니가 그의 왼쪽 발뒤꿈치로 그를 잡았기 때문에 그 부분은 강에 닿지 않았습니다.)에서 아킬레스의 왼쪽 발뒤꿈치가 강물에 닿지 못한 이유를 알 수 있습니다.

B 1 immortal 2 warrior

1 아킬레스의 어머니는 그를 죽지 않게 만들고 싶었다.
2 아킬레스는 죽었지만 위대한 전사였다.

C ⓑ

ⓐ 아킬레스의 어머니
ⓑ 아킬레스의 왼쪽 발뒤꿈치
ⓒ 독이 묻은 화살

해설: his weak point(그의 약점)에서 his(그의)는 Achilles's(아킬레스의)를 가리킵니다. 아킬레스의 약점은 '왼쪽 발뒤꿈치'예요.

39 마법의 사과 ①

p.164-165

옛날 옛적에, 한 왕이 있었습니다. 그에게는 딸이 하나 있었어요. 하루는 그 공주가 매우 아프게 되었습니다. 나라의 모든 의사가 그녀를 도우려 했지만, 아무 약도 효과가 없었어요. 왕은 발표했습니다. "누구든지 내 딸을 치료하는 자가 그녀와 결혼을 하고 다음 왕이 될 것이다." 궁전에서 멀리 떨어진 곳에 사는 세 형제가 있었습니다. 첫째 형은 마법의 망원경을 가지고 있었어요. 그는 자기 망원경을 통해 발표문을 봤어요. "가엾은 공주님! 공주님이 매우 아프대. 우리가 그녀를 도와줘야 해." 둘째 형은 마법의 양탄자를 가지고 있었어요. "거기로 내 양탄자를 타고 빨리 날아갈 수 있어. 올라타!" 막내는 마법의 사과를 가지고 있었습니다. 그건 어떠한 병이라도 치료하는 힘을 가지고 있었어요. "난 내 사과를 공주님에게 주겠어. 바로 그거야!" 막내가 말했어요. 그들은 궁전에 도착했어요. 공주는 사과를 먹고 금방 회복했습니다. 모두 기뻐했어요.

A 1 ⓒ 2 ⓐ 3 ⓑ

해설: 164쪽 아래에서 6번째 줄부터 차례대로 각 형제들이 가진 물건들이 나옵니다. 첫째 형은 telescope(망원경), 둘째 형은 rug(양탄자), 막내는 apple(사과)를 가지고 있었습니다.

B 1 ⓑ 2 ⓒ 3 ⓐ

해설: 망원경을 통해 멀리 떨어져 있는 발표문을 보았고, 양탄자로는 궁전에 빨리 날아갈 수 있었고, 사과로는 공주의 병을 치료했어요.

C 1 ○ 2 ✗

1 세 형제는 성에서 멀리 떨어진 곳에 살고 있었다.
2 공주는 병에서 회복하지 못했다.

40 마법의 사과 ②

p.168-169

왕은 세 형제를 위해 파티를 열었습니다. 누가 공주랑 결혼하고 다음 왕이 될지 결정할 시간이 되었어요. 논쟁이 있었습니다. 첫째 형은 말했어요. "제 마법의 망원경이 없었다면 우리는 공주님의 병에 대해 몰랐을 것입니다." 둘째 형이 말했어요. "제 마법의 양탄자가 없었다면 우리는 일찍 도착하지 못했을 것입니다." 막내가 말했어요. "제 마법의 사과가 없었다면 공주님은 회복할 수 없었을 것입니다." 왕은 곰곰이 생각했습니다. 마침내 그는 말했어요. "공주는 세 형제 덕분에 나았다. 하지만 내 딸과 결혼할 사람은 막내 동생이다. 다른 두 형제는 여전히 자기 망원경과 양탄자를 가지고 있다. 하지만 막내는 모든 것을 공주에게 주었다. 그는 가장 소중한 것을 그녀를 위해 희생하였다. 그래서 나는 그를 선택한다." 모두 왕의 현명한 결정을 칭찬했어요. 막내는 공주와 결혼했습니다. 다른 두 형제는 보상으로 많은 돈을 받았어요. 그들 모두는 그 후로 행복하게 살았습니다.

A ⓐ

해설: 168쪽 5번째 줄을 보면 첫째 형이 Without my magic telescope, we couldn't have known about the princess's illness.(제 마법의 망원경이 없었다면 우리는 공주님의 병에 대해 몰랐을 것입니다.)라고 말합니다.

B 1 Without 2 recovered

1 마법의 양탄자가 없었다면 그들은 일찍 도착하지 못했을 것이다.
2 공주는 마법 사과 덕분에 회복했다.

C ⓒ

해설: 169쪽 1~2번째 줄의 He sacrificed the most valuable thing for her.(그는 가장 소중한 것을 그녀를 위해 희생하였다.)에 왕이 막내를 결혼 상대로 선택한 이유가 나옵니다.